资产管理行业转型指南

曾 刚 谭松珩 沈 宾 著

A Handbook of Chinese Changing Asset

Management Industry

经济管理出版社

ECONOMY & MANAGEMENT PUBLISHING HOUSE

图书在版编目（CIP）数据

资产管理行业转型指南/曾刚，谭松珩，沈宾著 .—北京：经济管理出版社，2018. 12
ISBN 978 - 7 - 5096 - 6219 - 9

I. ①资…　II. ①曾…　②谭…　③沈…　III. ①资产管理—中国—指南　IV. ①F832. 48 - 62

中国版本图书馆 CIP 数据核字（2018）第 273077 号

组稿编辑：宋　娜
责任编辑：宋　娜　田乃馨　张馨予
责任印制：黄章平
责任校对：王淑卿

出版发行：经济管理出版社
　　　　　（北京市海淀区北蜂窝 8 号中雅大厦 A 座 11 层　100038）
网　　　址：www. E - mp. com. cn
电　　　话：（010）51915602
印　　　刷：三河市延风印装有限公司
经　　　销：新华书店
开　　　本：720mm×1000mm/16
印　　　张：15. 75
字　　　数：227 千字
版　　　次：2019 年 4 月第 1 版　　2019 年 4 月第 1 次印刷
书　　　号：ISBN 978 - 7 - 5096 - 6219 - 9
定　　　价：98. 00 元

序　言

与国际同业相比，中国的资产管理行业颇有些"不走寻常路"。尤其是 2005 年，银行开始试水发行理财产品之后，银行理财将"资金池"模式引入了资管行业，并让这个"后来者"在没有投资优势、没有费用优势的条件下取代管理运作机制与国际同业接轨的公募基金，成为资产管理行业当之无愧的龙头，引得一众"非银同业""学习借鉴"。

"资金池"模式看起来是一个"三赢"的创新：银行等金融机构以很低的门槛进入资产管理这个本来很需要智力与制度投资的行业；投资者能够以很低的知识成本进行投资，无须理解金融市场的运行就可以获得稳定的收益；金融市场获得更多稳定且长期的资金来源，有了这些长期投资者，长期资产的稳定度更高，资管产品也能够给实体经济提供更多支持。

正是这种投资人赚固定预期收益——管理人取得剩余收益——实体经济获得长期融资的模式激发了"同业套利"的泡沫，最终导致了 2016 年第四季度开始的近两年"债券熊市"，其对地方城投、股票质押、股票配资和房地产等行业或融资模式的偏爱也给金融体系埋下了不小的隐患。

"资金池"模式就这么一路狂奔直到《关于规范金融机构资产管理业务的指导意见》（以下简称《指导意见》）出台。《指导意见》及其后续的配套方案可以说是针对目前中国资产管理行业里出现的权责不清、"刚性兑付"、监管套利等问题所出具的"一揽子"解决方案。

不过，正如"特立独行"的资管行业给宏观经济带来巨大影响一样，资管行业的监管规范同样也会对宏观经济造成了冲击。

在《指导意见》中，监管机构给各种各样的资金池模式一个统一的定义：集合运作、分离定价、滚动发行。以产品系列或定期开放申购赎回（指开放期内所有客户均可以申购或赎回）、不定期开放申购赎回（每次新购入的份额都有固定的锁定期）等方式，每次提供不同的预期收益率，不公布产品净值或不按照《企业会计准则》的相关要求估算产品净值的产品，它供给投资人丝毫不受市场影响的投资收益，形成了事实上的"刚性兑付"。

但是，"刚性兑付"并不意味着消除了市场的波动和信用风险，它代表着风险和收益的转移。事实上，"刚性兑付"的表现形式为存在"接盘侠"以溢价购买了资管产品所持有的折价资产。以高于市场价的价格收购资产，这在并购及不良资产收购等投资活动中经常见到，收购方通常认为这些资产能与自己持有的其他资产形成很好的协同效应或规模效应，但在资管产品的"溢价购买"行为中，溢价购买的投资者认同有其他"接盘侠"会溢价购买它们手中所持有的资产。

这让资管产品的管理模式更像是银行本身即通过借入短期资金（并许诺高于存款的收益）带来资管产品的融资，将资金投入长期资产中获得期限利差和信用利差以持续经营的假设，并无视自身产品的期限，不严谨的使用摊余成本法对产品净值进行计量。

所有的问题，都产生在这个模式里。

由于缺乏信息披露和专门的监管指标，资金池类资管产品这类"影子银行"在投资和风险管理上也显得更加随意：

由于在监管及法律口径内，资管产品均不能算作一个独立的金融机构，因此也不会有专门的监管指标对产品的流动性风险、信用风险、利率风险和市场风险进行评估和监管，部分资管甚至并不需要向监管机构和投资人展示自己经过审计的财务报告，因此，在会计处理时更加随意。

这就带来金融体系的问题。

首先监管套利。出于各种原因的考虑，监管机构对不同类型的资管产品设定了不同的起售金额、客户类型、投资范围、市场准入等门槛，例如私募型资管产品的投资范围就比公募型资管产品的投资范围更广，使某一些只有私募产品能够投资的项目出现募资不足的现象，公募型资产管理会以多重嵌套的方式认购私募型产品，完成私募型产品的拆分。监管套利会让监管机构的管理失效，使金融风险不可控。

其次资金池类产品推高了无风险利率。通常，我们把小额存款的利率（因受到存款保险的保障）和国债利率看作无风险利率，将银行的大额存款、存单等的利率看作低风险利率，但保本理财产品和预期收益型资管产品分别推高了无风险利率和低风险利率，而资金成本的提升必定会要求经营机构在资产收益上予以补偿，金融机构就会进行更加激进的投资和交易。在银行理财和委外规模膨胀的时代，资管产品进行了很多后来看起来很不理性的投资。

最后也是最严重的，资金池模式在积累风险。投资是一项存在风险的行为，损失随时都可能发生，而对于一个规模庞大的体系而言，出现一定比例的损失是必然的事情，但使用合理会计制度进行估值，并严格进行信息披露的资管产品在损失发生时会将损失传递给投资人，而非继续积聚在自身体内——但资金池模式却并不如此。由于金融机构提供了信用，投资人总是相信会有另外的投资人或管理人自身会溢价购买自己所持有的资产，这使得损失无人承担，风险也在不断积累。持续的"刚性兑付"和积累风险会让经济体产生泡沫，当泡沫破裂时会造成巨大的伤害。

然而，消除资金池的这些影响却并不容易，不管是金融机构还是监管机构，在转型的过程中都会发现平稳转型的难度很大。

首先，监管机构需要注意转型将会对宏观经济，尤其是某些行业的融资造成打击：资金池类产品"短贷长投"的投资模式，相当于许多没有资本金、不受资本充足率约束的银行，在金融机构资本金没有扩大的情况下，资金池类产品的存在扩大了金融体系创造信用的能力。因此，一旦打击了资金池模式，就会让金融体系创造信用的能力大打折扣，原本那些能够获得融资的主体将会感受到流动性收紧的压力。

其次，由于资管行业的转变需要在2020年底完成，但投资人的风险偏好却并不会在短期内出现扭转，寻求稳定收益的投资人会把资管行业推向中短期、使用摊余成本法的产品。资金蜂拥短期、低风险资产会让中国经济的融资结构出现一定程度的变化，这会影响某些长期项目的资金募集，并进一步加剧不同类型企业融资难度的分化。

资金池模式的出现，在一定程度上降低了资管行业的门槛，让很多缺少投资和风险管理能力的金融机构通过委外等方式进入到资管行业中，并且规模迅速扩张。在《指导意见》发出之后，这部分金融机构要么在短期内提高自身投资和风险管理的能力，要么选择退出资管行业。但无论是退出还是继续，都会面临着产品转型的难题，有些资产需要处置，有些资产需要回表，甚至出现最难应付的情况——有些浮亏将会兑现。

资管转型,需要解决的是系统性的问题,如资管部门应该怎样重塑,怎么因地制宜地设置资管产品群,哪些资产需要处置,产品浮亏兑现后应该由谁来承担等,这都是十分具体且困扰金融机构的问题,无法解答好这些问题,相当于人为引爆炸弹,资管行业的转型就必然会困难重重。

本书从中国资管行业的国情出发,通过对《指导意见》、资管行业现状、资管行业的转型进行分析,解答结构转型、产品群构建、资产处置等一系列问题,并提出一条具有参考意义的转型路径,相信会对资管行业的参与者有所帮助。

不过,囿于自身学术能力有限,文字、观点难免出现疏漏,望读者批评指正。

目 录

第一章　中国的资管行业 ……………………………………… 1

  第一节　中美资管行业的对比 ………………………………… 2

  第二节　中国资管行业的主要玩家 …………………………… 4

    一、中国资产管理行业的主要产品 ………………………… 4

    二、产品差异 ………………………………………………… 4

第二章　资管行业的主要模式 ……………………………… 11

  第一节　"刚性兑付"的原理 ………………………………… 12

    一、单一资产预期收益型产品的"刚性兑付" …………… 14

    二、短期资金池产品的"刚性兑付" ……………………… 15

  第二节　资管行业的多重嵌套 ………………………………… 21

    一、通道业务带来的多重嵌套 ……………………………… 21

    二、委外业务带来的多重嵌套 ……………………………… 25

  第三节　以银行理财为中心的资管结构 ……………………… 31

    一、资金来源上的发动机 …………………………………… 32

    二、业务发展的起源 ………………………………………… 34

第三章　《指导意见》的内部逻辑 ………………………… 37

  第一节　资管行业现状：产品模式与资产配置 …………… 37

    一、资管行业的主流产品模式 ……………………………… 37

二、产品的对比 ……………………………………… 42

第二节 《指导意见》的内部逻辑 …………………… 44

一、《指导意见》的条款 …………………………… 44

二、打破"刚性兑付"的条款群 …………………… 45

三、禁止监管套利的条款群 ………………………… 48

第三节 《指导意见》能放松什么 …………………… 50

一、非标资产认定是最可能被放松的 ……………… 51

二、放松杠杆率也可能被用于"相机决策" ……… 52

第四节 关于《指导意见》条款上的再思考 ………… 53

第四章 《指导意见》颁布后的银行理财产品 ……… 57

第一节 银行理财的历史使命 ……………………… 59

一、利率市场化的被动反应 ………………………… 59

二、资管业务的起点和核心 ………………………… 62

第二节 银行理财的现状 …………………………… 65

一、扭亏及亏损权责划分问题 ……………………… 65

二、不良资产处置问题 ……………………………… 66

三、期限匹配产品仍有发展空间 …………………… 67

四、净值型产品缺乏根基 …………………………… 68

第三节 银行理财的业务与客户结构分析 ………… 69

第四节 《指导意见》对银行理财的影响推演 …… 71

一、长期投资者转变为短期投资者 ………………… 71

二、中小银行可能退出资管业务 …………………… 72

三、资管行业将快速分化 …………………………… 73

第五章 《指导意见》颁布后的信托计划与资管计划 … 75

第一节 信托计划和资管计划的历史使命 ………… 76

一、绕不开的影子银行 ……………………………… 76

二、资本市场金融资产的供给者 …………………… 82

第二节 信托计划和资管计划的现状 ……………… 86

一、 整改规范以及过渡是信托计划和资管计划当前

所面临的主题 ·· 86

二、 合理的业务需求亟待细则以及配套方案进行规范 ····· 87

三、 单一融资类项目产品受影响有限 ·········· 87

四、 资产证券化以及财产权信托、家族信托等业务未

受到影响 ··· 88

第三节 信托计划和资管计划的业务与客户结构分析 ·········· 90

一、 信托计划的业务与客户结构分析 ·········· 90

二、 资管计划的业务与客户结构分析 ·········· 93

第四节 《指导意见》对信托计划和资管计划的影响推演 ····· 95

一、 批发资金的优势逐渐消退，渠道为王的时代逐渐

到来 ·· 95

二、 从服务交易结构到服务投资者与实体经济 ········· 96

第六章 《指导意见》颁布后的公募基金 ················· 99

第一节 我国公募基金的现状 ································ 100

一、 20 年的稳步发展成果 ······························ 100

二、 现行公募基金行业主要法律法规及监管规则 ····· 104

三、 公募基金的创新尝试 ······························ 109

第二节 我国公募基金客户结构情况 ················· 114

第三节 《指导意见》对公募基金的影响推演 ········· 117

一、 公募基金的主要优势 ······························ 117

二、 公募基金的短板 ····································· 119

三、 《指导意见》颁布后公募基金的展望 ············· 120

第七章 资管业务的分化与转型 ························· 123

第一节 资管产品的划分 ···································· 126

第二节 以销售为根基获得客户 ························· 128

一、 提供差异化的服务 ··································· 128

二、 用差异化来提高获客能力 ······················· 132

第三节　加强产品设计的能力 ……………………………… 135

　　一、未来资管产品结构的研究 …………………………… 137

　　二、产品设计需要与机构优势结合 ……………………… 140

　　三、做产品设计的底层资产 ……………………………… 143

　　四、产品设计的发展顺序 ………………………………… 145

第四节　投资能力的建立 …………………………………… 146

　　一、兵马未动，粮草先行 ………………………………… 147

　　二、建立资管业务的文化 ………………………………… 148

　　三、对"统一授信"的不同认识 ………………………… 151

　　四、投资能力的建立：由浅入深 ………………………… 156

第五节　金融机构的转型挑战 ……………………………… 159

　　一、资产亏损问题 ………………………………………… 161

　　二、非标资产的处理方式 ………………………………… 164

　　三、不良资产和资本工具的处理方式 …………………… 167

　　四、长线影响："刚性兑付"信仰能否被打破？ ………… 170

第八章　转型指南 …………………………………………… 173

第一节　《指导意见》颁布后的资管行业 ………………… 173

　　一、从"刚性兑付"到净值管理 ………………………… 174

　　二、企业会计准则的威力 ………………………………… 175

　　三、公平交易与风险匹配原则 …………………………… 176

　　四、未来资管产品的形式 ………………………………… 177

第二节　用好过渡期，打下转型基础 ……………………… 179

　　一、资管行业的转型任务 ………………………………… 181

　　二、为什么过渡期是必要的 ……………………………… 183

　　三、过渡期应当怎么安排 ………………………………… 185

第三节　选择正确的产品方向 ……………………………… 188

　　一、产品的转型是转型的核心 …………………………… 189

　　二、产品设计的新老交替 ………………………………… 190

　　三、正确选择自己的产品组合 …………………………… 193

第四节　处置存量资产 ……………………………………… 197

一、基本原则：损失由谁来承担 …………………………… 199

二、怎么承担损失 …………………………………………… 201

三、产品扭亏是转型的关键 ………………………………… 204

四、制订资产处置方案 ……………………………………… 206

第五节　《商业银行理财子公司管理办法》的影响 ………… 209

一、《子公司管理办法》的目的和意义 …………………… 209

二、详解《子公司管理办法》 ……………………………… 213

三、《子公司管理办法》的影响 …………………………… 221

第六节　证监会《资管细则》对证券期货经营机构私募资管

业务的意义 …………………………………………… 223

一、《资管细则》的核心要素 ……………………………… 224

二、《资管细则》的重要意义 ……………………………… 227

第九章　资管业务转型的宏观影响 …………………………… 229

第一节　传统投资策略必须调整 …………………………… 230

第二节　权益资产难以获得青睐 …………………………… 231

第三节　短期资产将会受到追捧 …………………………… 233

第四节　非标资产投资遇冷 ………………………………… 235

第一章 中国的资管行业

自 2009 年以银行理财为代表的理财产品爆发式增长之后，中国的资产管理行业已经形成了以银行埋财、信托计划、证券公司资管计划、公募基金、基金专户、基金子公司资管计划、期货资管、保险资管、私募基金等为主体的，类似于"洋葱"一样的行业结构，最核心的为银行理财，并通过层层嵌套的方式将信托计划、资管计划、公募基金等资产管理产品组织起来。

这使中国的资产管理行业结构相当紧凑，并且各子行业之间的相关性较高，形成了"一荣俱荣，一毁俱毁"的局面。这种局面导致了中国资产管理行业在面对监管压力时的一贯态度——"兹事体大"，所以他们不相信监管机构能够用强烈的实际行动来改变资管行业的现状，直到《关于规范金融机构资产管理业务的指导意见》（以下简称《指导意见》）的出炉。唯一例外的是保险资管，其一直在保险行业内部运转，虽然也受到《指导意见》的规范，但是其运作方式本身不会发生重大变化。

多年以来，中国的资产管理行业走出了与海外完全不同的模式，在利率市场化进程中，资管产品成为了存款的替代品，因而规模迅速膨胀。2017 年底，中国资产管理规模已近百万亿元。不过，因其投资模式、资金来源和风险管理策略单一且相关性较大，在多年的规模膨胀中也积累了巨大的风险。

所以，理解《指导意见》的前提是了解中国资产管理行业的"洋葱式"结构。

另外，从宏观经济策略的角度出发，《指导意见》的出炉不仅是对资产管理行业的一种"纠错"，其本身也是在利率市场化、金融自由化改革的大背景下金融去杠杆政策群中的重要一环。

第一节　中美资管行业的对比

由于中国的金融基础制度为分业制，因而也孕育出了分业监管的金融监督管理体系：银保监会监管商业银行业、保险业、信托业、融资租赁及金融租赁业等行业，这些行业通常为间接融资的金融中介；证监会则主要监管证券业、基金业以及证券交易所，这些行业都参与直接融资、提供相关投资交易服务。

资产管理业务作为金融业务的分支，自然也因发行管理机构的不同而分成了不同的业务序列，银行理财业务、资金及资产信托、保险资管、互联网金融资管产品等资产管理产品都是由银保监会来进行监管的；而证券公司及子公司资管产品、基金管理公司及子公司基金专户、资管计划以及私募基金等都是由证监会来监管的。

这与美国的资管行业监管结构有些类似。作为全球最大的资产管理行业，美国资产管理行业的主要载体是基金产品和信托产品，具有中国特色的、不具备法律主体地位且与客户的法律关系不明确的银行理财产品在美国资管行业则找不到相对应的产品，并且占中国资产管理规模较大的通道业务在美国资管市场也难觅其踪。

美国的资管行业同样也受到了多头监管，但绝大多数资管产品依然处于美国证券交易委员会（SEC）即美国证监会的管理之下。在混业制的美国，任何金融机构都可以发行法律主体地位明确的资管产品，资管产品需要在 SEC 登记注册并接受 SEC 的持续监管，而资管产品的发行机构同样需要在 SEC 登记注册。

在美国，商业银行和信托公司发行的集合管理基金获得《1940 年投资公司法》的豁免，可以不在 SEC 登记注册也无须接受 SEC 的监管，但会受到美国货币监理署 OCC 即美国银监会的监管，集合管理基金被认为是商业银行的传统信托业务，因此也和我们所熟知的银行理财业务相去甚远。

由此可见，美国的监管结构与中国类似，均是"银监—证监"体系，只不过这种明面上相似的结构实际上的不同之处却有很多。

首先，美国的绝大部分资管产品都在 SEC 的管辖之下，这与中国的多头监管并不相似。在中国，银保监会体系下的银行理财、信托计划与证监会体系下的资管计划、公募基金、私募基金平分秋色，而银保监会和证监会对于不同的资管产品的监管尺度并不一致。

其次，虽然美国的资管产品被置于 SEC 和 OCC 的双头管辖之下，但其监管标准是相对一致的，不论是商业银行、基金公司还是投资银行，其所登记注册的资管产品都会有同样的法律地位和投资范围，与投资者之间的法律关系也十分统一，在市场准入层面上也没有明显的歧视，这与中国的资管产品现状有明显的不同。

总而言之，美国的资管行业虽然也面临着双头监管的监管结构，但实际上，产品与产品之间的差别很小，各个市场对不同资管产品的准入门槛也相同，既没有监管套利的空间，也没有多重嵌套的必要。中国的资管行业的每一个产品几乎都有其独特的一面，要么在市场准入、投资范围上与其他产品有明显不同，要么在法律地位、投资者门槛上有显著差异，因而形成了特殊的行业结构，如被监管机构所诟病的"刚性兑付""资金池""预期收益型"等业态。

基于中国资管市场的特殊国情，我们有必要在理解《指导意见》的内部逻辑之前，理解中国资管市场里的主要产品类型。

第二节　中国资管行业的主要玩家

一、中国资产管理行业的主要产品

因产品发行人的不同，中国资产管理行业的主要产品被划分为银行理财产品（由商业银行管理）、资金及资产信托计划（由信托公司管理）、证券公司及子公司资管计划（由证券公司及子公司管理）、公募基金及基金专户产品（由公募基金管理公司管理）、基金子公司资管计划（由基金子公司管理）和私募基金（由私募基金管理人管理）。

这些产品分属不同的监管阵营（如表 1 - 1 所示），其产品设立、目标客户、投资管理、募集方式等均不相同。

表 1 - 1　资管产品被分属不同的阵营

银保监会管理体系下	证监会管理体系下
银行理财	证券公司资管计划
保险资管	公募基金
信托计划	基金专户产品
互联网金融产品	基金子公司资管计划
	私募基金产品、期货资管计划

二、产品差异

1. 产品设立阶段

在资产管理行业的设立初期，不论是金融机构资产管理业务资格，还是具体资管产品的发行，这些环节都采取了审批制，而随着业务规模的不断扩大，不少资管产品选择了备案制。

按照《商业银行个人理财业务管理暂行办法》的规定，对商业银行而言，不论是具体理财产品的设立，还是理财业务资格的获取，商业银行都需要审批和报告。

2. 资金募集阶段

在资金募集上，资管产品被分为公募型产品和私募型产品，根据《中华人民共和国证券法》第十条，有以下情形之一的为公开发行产品：

（一）向不特定对象发行证券的；

（二）向特定对象发行证券累计超过二百人的；

（三）法律、行政法规规定的其他发行行为。

而非公开发行证券，不得采用广告、公开劝诱和变相公开方式。

在所有获准发行资管产品的金融机构中，商业银行、证券公司和基金管理公司有权发行公募型资管产品和私募型资管产品，如银行和证券公司都可以面向不特定社会公众发行公募型资管产品，也可以面向合格投资者发行私募型资管产品；基金管理公司可面向不特定社会公众发行公募基金，面向特定客户发行基金专户产品。

信托公司、基金子公司、期货公司和私募基金管理人均只能发行私募型产品。

在投资门槛上，银行理财和公募资管计划的投资门槛以前均为5万元，《商业银行理财业务监督管理办法》将银行理财的起售门槛下降为1万元，预计公募资管计划的起售门槛也将下降为1万元甚至到1000元，公募基金为1000元或1元，而所有私募产品的最低门槛为100万元。

3. 投资运作阶段

在投资运作阶段，主要的四类资管产品也有明显的不同，主要体现在投资范围及估值方式上。

在投资范围方面，我们将从非标准化债权资产（以下简称"非标资产"）、非上市公司股权、上市公司股票、银行间债券、交易所债券、衍生品以及其他市场债权资产等分类向读者展示不同的资管产品在投资范围方面的不同。

（1）非标资产。由于银行理财不具备法律主体地位属于"综合理财服务"，这使理财产品的投资范围被扩张。"理财服务"作为一种委托关系，从原理来看，委托人的投资范围就是银行理财的投资范围，而在实践操作中，监管机构也只是在银行理财业务发展的初期明令禁止"银行理财投资非上市公司股票和上市公司股权"，但在实际的操作中，银行理财还是通过多重嵌套的方式绕过监管限制，将资金投向股权领域。所以，从这个角度上看，银行理财虽然不能直接投资于股票、非上市公司股权或非标资产，但总能通过嵌套的方式来完成投资。

同样还有信托计划，由于信托计划属于私募资管产品性质，本身对于投资范围的监管就以列举的方式分散在各个监管文件中，而信托计划受到《中华人民共和国信托法》的管理，与客户建立的是信托法律关系，因此在投资范围上的管理就更倾向于"框定大框架"，具体范围由客户和信托自行确认。

在非标资产层面，信托计划与银行理财的投资范围一样，任何类型的非标资产均可以投资，但是与银行理财"不能直接投资非标资产必须借助其他资管产品"不同，信托计划可以直接投资于所有非标资产，包括信托贷款、资产或收益权买入返售、带回购条款的股权融资等。

资管计划则限定更加严格，由于资管计划的管理主体为证券公司或基金公司，在证监会的监管体系之下，无法涉足贷款业务，因此不能投资信托贷款，主要投资于买入返售和带回购的股权融资等非标资产。公募型的资管计划不能投资非标资产，公募基金则不能投资非标资产。

（2）非上市公司股权。从原则上说，银行理财是不能投资非上市公司股权的，但在实际操作中，监管机构还是放松了相关监管，银行理财虽然不能直接持有公司股权作为公司的股东，但私募型、面向私人银行和企业机构的银行理财可以通过其他的资管产品持有非上市公司股权。

信托计划和资管计划在投资非上市公司股权上并没有限制，公募型的资管计划不能投资非上市公司股权。公募基金不能投资非上市公司股权。

（3）上市公司股票。四个主要的资管产品都可以投资上市公司股票，但在公募产品中，只有公募银行理财被严格限制不应投资股票（信托计划没有公募型产品）。

在市场准入上，其他三类资管产品都能自由地在上海及深圳证券交易所开立证券账户，而银行理财由于是"综合理财服务"而非独立法律主体，不能直接在交易所开立证券账户，只能依照银行的监管要求，委托其他机构开户。

（4）银行间债券。主要资管产品均能在银行间债券市场开立账户。

（5）交易所债券。主要资管产品均能在证券交易所开立债券投资账户。但在实际操作过程中，由于定向资管产品的委托人必须声明资金全部来源于自营，也导致银行理财产品可以独立在证券交易所开立债券投资账户，却不能长期通过定向资管计划的方式直接开立，这一情况有望在银保监会与证监会协调后改善。

（6）衍生品。标准化衍生品如利率互换 IRS、信用违约互换 CDS 等均需要经过主管部门的认可才能进入市场，而场外的衍生品似乎并没有严格的限定。

4．估值阶段

由于资管产品被认定为是非银行业金融机构，因此在会计核算方面自然要受到财政部会计司的《企业会计准则》的规则管理。在针对金融资产方面，2017 年公布的《企业会计准则 22 号：金融工具的确认和计量》中，把金融资产分为三类：

（一）以摊余成本计量的金融资产：①企业管理该金融资产的业务模式是以收取合同现金流量为目标；②该金融资产的合同条款规定，在特定日期产生的现金流量，仅为对本金和以未偿付本金金额为基础的利息的支付。

（二）以公允价值计量且其变动计入其他综合收益的金融资产：

①企业管理该金融资产的业务模式既以收取合同现金流量为目标又以出售该金融资产为目标；②该金融资产的合同条款规定，在特定日期产生的现金流量，仅为对本金和以未偿付本金金额为基础的利息的支付。

（三）以公允价值计量且其变动计入当期损益的金融资产：不属于第一类和第二类的资产都会被列为以公允价值计量且其变动计入当期损益的金融资产。

从上面引文可以看出，金融资产从以往的"四分法"转变为"三分法"，而当我们要对金融资产进行分类的时候，也会遵循两大标准：

Ⅰ. 金融资产的合同条款是否规定在特定日期产生现金流，并且现金流量仅支付本金和以未偿付本金金额为基础的利息？如果回答为否，则是"以公允价值计量且变动计入当期损益的金融资产"；

Ⅱ. 如果上述问题回答为是，那么企业管理该金融资产的模式是"以收取合同现金流量为目标"，还是"既以收取合同现金流量为目标，又以出售该金融资产为目标"，把金融资产区分为"以摊余成本计量的金融资产"和"以公允价值计量且其变动计入其他综合收益的金融资产"，如果都不是，那么也必须放入"以公允价值计量且变动计入当期损益的金融资产"科目。

两大标准中，是否只产生利息现金流主要针对资产，股票、非上市公司股权等不产生利息现金流或不只产生利息现金流的资产将只能被放入"以公允价值计量且变动计入当期损益的金融资产"科目中；投资者的持有目的则主要用于区分例如像债券这样的资产。

那么对于资管产品而言，资管产品的持有目的就显得非常关键了。

在指导意见之前，只有公募基金的估值方式被严格限定为"公允价值计量"，其中，货币基金的估值方式还是"摊余成本计量"，其他资管产品均能够自由选择估值方式对其所持有的资产进行估值，并且自由选择是否公布其产品净值。

但在指导意见发布之后，这种估值方式上的不统一就会被改变。

不过，从企业会计准则出发，有些资产对资管产品而言就是持有到期为目的的，比如某些非公开债券，为什么不让资产管理人自己来决定哪些资产使用摊余成本法，哪些资产使用公允价值法呢？

事实上，让资产管理人自己选择实际上是混淆了金融机构和非法人产品之间的差别。

从逻辑上说，企业存在的根本就是净资本，或称为股东权益，是资产减去负债剩余的部分，如果净资本低于零，那么就是资不抵债，这家公司也到了破产清算的地步。根据公司法，企业股东是不允许撤资的，也就是说，在企业能使用的资金里，股本是没有期限的资金，而负债是有期限的资金，正因为股本金没有期限，金融机构才有资格去购买那些只承担信用风险的长期资产。

但资管产品不一样，它的股东权益来自于投资者资金，但这些资金不是没有期限的，相反这些资金的流动性还非常好，这也就导致了资管产品所投资的资产必须以出售或交易为目的，那些资产到期日短于投资者提取资金日的资产资管产品只承担其信用风险。

5. 税收方面

按照相关税收规定，仅有公募基金的部分所得税和金融商品具有转让差价方面的增值税优势，而其他资管产品均没有这种"特权"。

在我们了解资管行业的现状之后，下一章，我们将更进一步了解目前资管行业的主要模式。

第二章　资管行业的主要模式

中国的"双头监管"与美国的"双头监管"不同，在中国的"双头"甚至"多头"监管之下，法律法规为各种资管产品设定了不同的角色。银行理财产品受制于《商业银行法》和其他法律法规不能与投资客户建立"信托关系"，在《商业银行个人理财业务管理暂行办法》中银行理财被定义为"综合理财服务"①，而并未给予理财产品独立的法律主体地位，这也导致了理财产品这种"服务"在账户开立、投资运作上与信托计划、资管计划相比有明显的不同；另外，公募基金也因《财政部、国家税务总局关于企业所得税若干优惠政策的通知》《财政部、国家税务总局关于全面推开营业税改征增值税试点的通知》等税收政策的规定，而享有了免征投资者个人、企业所得税，免征管理人部分增值税等税收优势。

类似的政策还有很多，例如上述列举的政策，直接影响了资管产品的运营模式，有些则是间接导致了资管行业的现状：例如，在利率市场化进程中，由于中国人民银行与银监会对中国商业银行的监管力度强于美联储和OCC，使中国的商业银行很难像20世纪80年代美国的同行那样通过表内的产品创新绕过存款利率的限制，只能通过表外理财产品的方式实现存款利率的市场化；除了证券投资基金有会计核算指引要求即非货币基金一律使用公允价值法之外，其他资管产品依

---

① 综合理财服务是指商业银行在向客户提供理财顾问服务的基础上，接受客户的委托和授权，按照与客户事先约定的投资计划和方式进行投资和资产管理的业务活动。在综合理财服务活动中，客户授权银行代表客户按照合同约定的投资方向和方式，进行投资和资产管理，投资收益与风险由客户或客户与银行按照约定方式承担。

然遵循着财政部企业会计准则的要求，允许使用摊余成本法并不公布估值结果等。

这些间接政策带来的后果就是中国的资管行业有了能"替代存款"的巨无霸，以及海外市场少见的"资金池"模式以及"刚性兑付"等问题。

第一节　"刚性兑付"的原理

作为中国资产管理行业的特色"国情"，"刚性兑付"问题一直都是监管机构非常头疼却又无可奈何的"违规"问题：一方面，"刚性兑付"使金融机构将自身信用扩大使用，让金融机构以净资本承担了过重的风险，但并没有在金融机构的资产负债表上显示，也没有影响重要监管指标，因此监管机构的"风险预警机制"失效，无法在系统性风险出现之前发出警报；另一方面，资管业务虽然是利率市场化改革中的必然产品，但"刚性兑付"无形中还是抬高了整个社会的无风险和低风险利率。在资管产品的"刚性兑付"出现之前，全社会的无风险利率是像国债这类的无风险资产，低风险资产为银行的存款利率，而在资管产品的"刚性兑付"出现后，低风险利率被迅速抬升到资管产品的收益率，这无形中加重了实体经济的融资压力。

以监管机构打击信托机构"刚性兑付"和非标准化债权资产融资业务的 2013 年为例，当时监管机构接连下发文件严格控制非标资产投资，并且禁止信托公司再对非标资产"刚性兑付"，清理非标资金池，一系列监管动作叠加虽然致使 2013 年下半年资金紧张的共振，但尚未打破"刚性兑付"的资管产品最高为投资者提供超过 15% 的低风险利率，也导致当时的融资大户——地产公司与地方融资平台的融资成本一度超过 20% 。

不论是从宏观经济管理的角度，还是从微观金融机构风险管理的角度，表外资管产品的"刚性兑付"问题都是一个亟待解决的"毒瘤",这个问题在 2016 年前似乎并不紧迫,对资管产品而言,股票虽然"牛"了又"熊",但债券依然保持着牛市且非标资产的违约率并不突出,整体"性价比"(用资产收益—资金成本—其他成本—预期违约率进行衡量)依然很高,资管产品虽暗示"刚性兑付"实则没有"刚性兑付"的必要;而在 2016 年之后,"刚性兑付"却像是给金融改革下了一个 Deadline 一样,股票继续困顿之时,债券市场突然遭遇熊市,信用风险不断暴露,如今想要找到一个完全没有"踩雷"(购买的债券或非标资产没有违约)的大型资管产品已经很困难了,此时的"刚性兑付"不再是一个虚无缥缈的无用承诺,而是真的需要投资者或管理人付出真金白银。

"刚性兑付"问题如不解决,既将风险隐匿在了监管机构的视野之外,又让"卖者有责,买者自负"的真正资管产品没有任何发展的空间。试想一下,在投资者面前摆着两个产品,一个产品承诺给予最低收益或固定收益,另一个产品的收益却会随着市场波动,甚至有亏本损失的风险,投资者会选择哪个产品是不言而喻的。

监管机构不是没有看到"刚性兑付"的危害,也并非没有做出任何反应,许多监管机构的监管条文都已显示监管机构对"刚性兑付"问题的重视,但这些条款由于缺乏支持,总使打破"刚性兑付"成为一纸空文,直到《关于规范金融机构资产管理业务的指导意见》的出台。

为什么之前的文件都会成为一纸空文,无法对"刚性兑付"进行实质监管,我们认为是因为"刚性兑付"这个内核并不是一个简单的、不可再分割的概念,而是以一系列行为、"潜规则"、结构设计作为基础的,而"刚性兑付"至少可以被分为两种模式:一种是由管理机构对客户进行"刚性兑付",另一种是由客户对客户进行"刚性兑付"。

从监管机构的政策走向上看,2013 年以前监管机构主要针对非标资产的"刚性兑付"实际上是只针对了第一种"刚性兑付"模式,而忽略了第二种模式;2014 年以后开始注重债券、非标资金池的问题,才开始监管起"刚性兑付"的第二种模式。

一、单一资产预期收益型产品的"刚性兑付"

单一资产预期收益型产品最为常见的模式为项目融资类信托计划、资管计划和理财产品，也就是我们所熟悉的非标项目类资管产品。这一类资管产品在银监会打击"银信合作"，尤其是银监〔2013〕8 号文出台之前，是监管机构最关注的"刚性兑付"典型，当时站在风口浪尖的并不是银行理财，而是同属银监会（现银保监会）监管的信托计划。

单一资产预期收益型产品的特点明显：这类产品虽然不使用公允价值法进行计量，其所投资的资产也不允许其使用公允价值法，也不会对外公布产品净值，但在监管机构的要求下，其信息披露较短期资金池产品要更好；同时，这类资管产品的产品期限是与所投资产的到期日相匹配的，资管产品的到期日将不会早于所投资产的到期日；在实际操作中，为了给资金清算结算保留一定的空间，产品兑付与所投资产给付本金及收益总是存在 1~3 天的时间。

这一类资管产品的"刚性兑付"模式相对简单，仅有三种：①管理人使用自有资金回购问题资产，客户能够以约定的预期收益率退出；②管理人委托第三方机构回购问题资产，同时管理人给第三方购买这一资产提供回购或担保；③管理人发行一期新的产品，用于购买问题资产，实现类同表内贷款"借新还旧"的功能。

举个例子，A 信托公司发行了 B 信托计划，募集资金后，向 C 公司发放了一笔两年期信托贷款，C 公司向 A 信托公司支付信托贷款利率 12%，而 B 信托支付给投资者 8% 的收益，A 公司实际管理费约为 4%（12% 贷款利率 - 8% 投资者收益 - 其他成本等）。在连续支付了 7 个季度的利息之后，C 公司突然现金流断裂，通知 A 公司无法按时支付最后一期利息及本金，B 信托将无法按时向投资者分配收益。

A 公司进行"刚性兑付"的考量是多方面的，但最主要的原因还是声誉风险带来的溢价效应，只要有"刚性兑付"的存在，投资者才会较少关注项目的风险，较多关注 A 公司的偿付能力，这带来的好处不言而喻。A 公司可以投资收益率较高，同时风险较高的资产，不用担心资金募集问题或要支付过多成本给投资人。例如，在 2013 年时，地产公司为了融资，会支付 15% 甚至 25% 的利率向信托公司融资，而信托公司仅需向投资者支付 8% ~ 10% 的收益，从风险定价的角度上看，只要该笔融资的期望损失率（期望损失 = 违约概率 × 违约后损失率）小于 5% ~ 10%，那么这笔融资就是有利可图的。

A 公司可以选择的"刚性兑付"方式有三种：①A 公司动用自有资金向 B 信托购买这笔信托贷款资产，B 信托向投资人"刚性兑付"，而 A 公司继续向 C 公司追讨资金；②A 公司再发行一个 D 信托，募集资金后同样借款给 C 公司，但这笔钱上用于偿还即将到期的 B 信托的投资人资金；③A 公司建立了一个短期非标资金池产品 E 信托，这个资金池产品里多是非标资产，也有少量流动资金，对接的是企业或金融机构的流动性需求，资金期限通常较短。

在实际操作过程中，信托公司通常使用第三种模式：在监管机构发觉并着手监管之前，信托公司就建立起了规模庞大的资金池，迫使监管机构让步允许这些资金池存在但规模需要不断缩减；而不能建立非标资金池的证券公司和监管严格的商业银行则通常使用第一种或第二种模式。

相比较第一种将不良资产直接纳入资产负债表和第二种"借新还旧"模式，第三种模式无疑更加"清洁"也更加方便，但进行"刚性兑付"的资金池产品 E 本身又是如何运作的呢？

二、短期资金池产品的"刚性兑付"

中国特色的"刚性兑付"总是以固定收益率，也就是预期收益型资管产品挂钩。一方面"刚性兑付"总要给一个标的，预期收益率正好就是这个标的；另一方面，也只有当预期收益型产品有了"刚性兑付"的标签，它才能更好地行使利率市场化进程中"存款替代"的历史职能。正是基于其"存款替代"的特殊功能，预期收益型的银行理财才能打败一众竞争者，并把中国资产管理行业规模拉至 100 万亿元之巨，其中最主要的推手就是短期资金池产品。

同样是预期收益型资管产品，单一非标准化债权资产或非上市公司股权的产品与短期的资金池类产品相比，其规模上的差距主要就可以归因于"资金池"模式。与净值型产品如基金和单一项目预期收益型产品不同，资金池类产品对投资人来说最大的吸引力就在于固定期限、固定收益率和"刚性兑付"的传统，从而使它成为存款的替代品，而不再是具有投资门槛，市值波动剧烈的资管产品。在利率市场化进程走到一半，贷款利率自由浮动而存款利率仍然受限的大背景之下，短期预期收益型产品的确充当了存款替代的历史角色。

那么，广为使用且被监管机构"深恶痛绝"的"资金池"模式究竟是怎么运作的呢？我们举例说明。

A 银行发行了 B 银行理财，发行规模大约 100 亿元，主要投资于债券和货币市场工具等资产，其资产的配比大约如表 2－1 所示：

表 2－1　B 银行理财所持有的各类资产占比

项目	投资额（亿元）
5 年利率债	25
5 年信用债	30
3 年信用债	20
2 年期非标资产	10
3 年期非标资产	5
半年期同业借款	5
现金及存款	5

B 理财主要发行 1 个月～1 年的理财产品来募集资金，其资金结构如表 2－2 所示：

表 2－2　B 银行理财所发行的各期限理财产品

项目	募资额（亿元）
1 个月理财	30

项目	募资额（亿元）
3 个月理财	50
6 个月理财	15
1 年期理财	5
2 年期理财	0

由此可见，B 理财所持有的资产的综合期限约为 3.725 年，而其资金的综合期限仅有 3.3 个月，资产与资金出现了严重的期限错配现象，这显然是极不稳定的。

不过，为了稳定其期限较短的资金端，B 银行选择不断续发理财产品。到期一期，那么必然会成立一期，本个开放期有赎回资金约 30 亿元，则必然提高报价让申购资金尽量达到 30 亿元甚至超过 30 亿元。

另外，假设 B 理财所持有的资产平均收益率为 6.5%，而其募集资金时所注明的加权平均"预期收益率"为 5.0%，算上渠道费、税金等各类成本，其需要支付给员工、投资人的资金成本约为 5.8%。

B 理财最终能够赚取的收益约为 0.7%，0.7% 用于理财管理人 A 银行的两大主要工作上：一是流动性管理工作即为加权平均期限为 3.725 年的资产不断管理好综合期限仅有 3.3 个月的资金；二是本金及收益进行兜底即当资产发生可逆或不可逆的损害时，A 银行需要保障 B 理财的投资人的本金、收益。银行的收入也主要从这两大工作中获得。

不过，从实际操作的角度上看，第二大工作（即兜底）实际上可有可无，在流动性尚可、B 理财能够获得足够新进入投资者资金的时候，A 银行实际上并不需要"刚性兑付"。

这是因为，短期的理财通过资金池去投资长期的资产时，每一笔理财资金所投资的并不是整个"资金池"的某一个份额，也不是资金池内所持有的某一个或几个特定资产，而具体对应的是什么，承担的是什么风险没人知道。

换句话说，"资金池"模式是多个理财产品对应多笔资产，理财产品以多元化的集合性资产包作为统一资金投资运用的范围，通过滚动发售不同期限的理财产品来募集资金，以动态管理模式保持理财资金来源和理财资金运用平衡，并从中获得投资的信用利差和长期资产短期负债的期限利差。

按照《商业银行理财业务监督管理办法（征求意见稿2016）》的定义，资金池模式的资管产品具有以下特点：

（1）滚动发售。就是连续发售资管产品和到期续发资管产品，很多时候是用续发的资管产品来解决到期产品的流动性，即"封闭式短期限"。

（2）集合运作。就是将基于同一资产池发售的各款资管产品所募集资金归集管理，统一运用于符合该类资产池投资范围的各类标的资产构成的集合性资产包，该资产包的运作收益作为确定各款资管产品收益的统一来源，即"同一系列多次发行"。

（3）期限错配。是指资产池理财产品资金来源方（即发售理财产品）的期限与资金运用方（即集合性资产包）的期限不完全相同，资金来源方期限短于资金运用方，即资产与资金分离，无法准确计量每一期理财产品的风险。但在《指导意见》中，期限错配不被作为资金池的定义之一。这是因为，如果产品能做到估值公允且运作过程中能在每个开放期准备足够的流动资产应对产品的赎回，那么期限错配并不属于会引发风险的核心问题，众所周知，货币基金与债券基金通常也是以期限错配的方式来进行运作的。

（4）分离定价。就是同一资产池发售的各款理财产品收益水平，一般不与该款理财产品存继期内集合性资产包的实际收益直接挂钩，而是根据集合性资产包预期的到期收益率分离定价，即所投资产只披露成本法下静态的估值结果或根本不披露估值，只披露业绩比较基准或预期收益率。

通过对比，我们可以看到资金池模式与基金模式存在着一些明显的不同，而这些不同主要表现在以下方面：

（1）风险匹配方面。由于资金池模式存在着理财产品不断的到期和续发，导致每一笔理财资金并不能和理财产品所投资的资产形成一一对应的关系，理财产品的投资人也因此无法去估计自己这一笔理财所承担的风险，基金模式下虽然也存在着期限错配，资产的综合期限高于负债的综合期限，但并不存在到期续发的问题，投资者所承担的风险是能够估算的。

（2）投资管理方面。资金池模式下，其投资运作的绩效水平对投资人而言仍是一个黑箱，理财产品存续期间并不披露净值或采用成本法估计静态的净值，在信息披露方面仍然与基金模式有明显差别。

（3）收益分配方面。如果投资获得了正收益，对于基金模式，其正收益在扣除了应属于管理人的管理费后，剩余部分全部由投资者获得，当然亏损也全部由投资者承担。但对于资金池模式，投资者只能获得合同注明的预期收益率，资产收益与投资者预期收益率之间的差额全部被银行获得。

此三点是基金模式与资金池模式最大的区别，而其中的第三点即是我们所熟知的"分离定价"，尤其揭露了资金池模式的性质，正是分离定价，才让资金池产品的"刚性兑付"变成了可能，若资产赚了多少就除去成本给投资人多少，"刚性兑付"的空间自然也就没有了。

另外，期限错配这种模式是资金池类产品收益的主要来源之一（另一来源为提供所谓的"刚性兑付承诺"），通过对短期产品的发行募集的资金进行长期配置赚取利差但不能单纯地把期限错配理解为资产和资金的综合期限不匹配，期限错配模式最大的特点是短期产品的不断到期续发，这使后来的理财产品投资人为之前的理财产品投资人承担了风险，进行了担保。

这也就是为什么在资金池产品的运营中，期限错配与滚动发行的关联性如此之大，如果失去了滚动发行，那么期限错配就几乎没有任何意义。

考虑一下如果一个资管产品不能进行滚动发行时，需要怎么做？产品到期之后，由于不能滚动发行续接资产，资管产品必须清空自己所有资产，将投资收益返还给投资人，无论之前资管产品采用什么会计估值手段，是摊余成本法，或是公允价值法，在清仓时，其所持有的所有资产都必须以市价卖出去，而没有流动性不能卖出的资产则只能择机清仓或原状返还给投资人。

如果以市价出售发生了亏损，甚至为了清仓不得不打折出售资产时，所造成的声誉风险是管理人难以承受的。宏观上看，如果短期资管产品不断地全盘卖出再全盘买入，频繁操作对金融市场的影响也相当巨大。

因此，尽管期限错配和滚动发行的做法确实给资管机构带来了较丰厚的利润，但这种模式也给资管产品和资管机构本身带来了很大的风险，其中包括流动性风险、利率风险、信用风险。

对于资金池模式，上述所提到的众多风险中，流动性风险是区别其他模式最主要的风险。这是因为，按照我们对"刚性兑付"的分类，资金池产品的"刚性兑付"来源是新客户对老客户的"刚性兑付"，即在分离定价的资金池产品中，老产品到期，投资人拿到本金及约定的收益的同时，新产品正好成立带着募集的资金进入资金池，填补流动性的空白。

为了应对资金池模式下特有的流动性风险，资管产品一般采用以成立与到期的资金匹配为基础，以回购、代持为补充的方法。

以上述 A 银行发行 B 理财为例，其资产综合期限为 3.725 年，而其资金期限仅为 3.3 个月，其期限错配问题十分突出。为解决流动性缺口，一方面，A 银行会通过滚动发售理财产品的方式满足资金的需求：例如本周到期约 10 亿元，则本周将安排发售成立 3 期理财产品，预计募集 12 亿元资金等；另一方面，若出现未知冲击，比如其他资管机构报价突然提高或零售不利时，A 银行则会选择将其持有的资产用于质押回购、代持的方法，紧急补充流动性资金。在这两种作为补充的方法中，质押回购为最主要的使用方式，代持在信用风险加大的时代已经不再那么有吸引力了。

那么上述二者真的能够很好地解决流动性的问题吗？回购和代持依赖于资产池中的标准化资产且非常依赖资金市场，由于资金池的运营模式和金融机构的运营模式几乎没有差别，大量资金池资管产品的出现也让整个金融系统出现了一个规模近百万亿元但没有净资本"兜底"的金融机构。

一旦这个"金融机构"开始极度依赖同业市场（依靠回购、代持等方式解决流动性，或投资人中金融同业客户占比太大），问题就会变得比较棘手。正常情况下，同业市场的流动性风险较小，但在极端情况、尾部风险发生时，如 2013 年的"钱荒"，同业资金市场会迅速冻结，这个时候过度依赖同业市场也就会影响资管产品的表现。

2016 年 11 月底，同业市场的紧张气氛逐步蔓延到资管行业，导致以银行理财为主的资金池类产品出现流动性紧张，而后迅速由"资金价格提高"转变为"兑付困难"。2016 年底至 2017 年初，有不少面向金融同业机构的资金池类资管产品，因为资金缺口过大难以覆盖，不得不向融资人宣布预期收益率无法达成甚至可能会出现亏损。

第二节　资管行业的多重嵌套

正如在第一章里提到的，由于中国的资产管理行业面临着角色不同的"双头监管"，各个资管产品在投资范围、账户开立、法律地位等不同方面均有所差异，某些资管产品为了投资特定资产，不得不选择投资其他资管产品以获得进入市场的资格；另外，近些年资产管理市场急剧膨胀，而规模膨胀又相对集中在银行理财等领域，导致该领域的人员配比、基础设施无法承载，必须将资金委托给他方进行管理，也会带来资管产品投资另一资管产品的需求。

我们把前一种需求带来的业务称为"通道业务"，把后一种需求带来的业务称为"投资/委外业务"。

一、通道业务带来的多重嵌套

由于割裂监管的历史路径原因，资管产品在各自领域都有所专长，尤其是在市场准入和投资门槛上，这也导致了资管产品差别化的竞争优势，如表 2 - 3 所示：

表 2 - 3　不同资管产品在不同投资领域上的准入门槛

项目	类别	股票	银行间债券	交易所债券	非标资产	非上市股权
银行理财	投资范围	私募	包括	包括	包括	私募
	市场准入	不可	可以	可以	N/A	N/A
信托计划	投资范围	可以	可以	可以	可以	可以
	市场准入	可以	可以	可以	N/A	N/A
公募基金	投资范围	可以	可以	可以	不可	不可
	市场准入	可以	可以	可以	N/A	N/A
资管计划	投资范围	可以	可以	可以	部分	私募
	市场准入	部分	可以	可以	N/A	N/A

我们将对上表进行简单的讲解：

（1）银行理财产品虽然在实际操作中与信托计划、公募基金无异，但监管机构认为银行理财产品为"综合理财服务"，不属于产品或特殊目的载体，自然也缺乏法律主体地位，这导致其虽然投资范围里有非标资产，但因为没有法律主体地位，银行理财不能直接持有企业债权、股权或非金融资产收益权。

（2）信托计划可以投资所有资产类别，在开户方面的限制较少，但在杠杆层面，信托计划无法进行正回购交易，因此不能从同业市场直接加杠杆，通常使用结构化（优先∶劣后为 3∶1）或代持的方式间接加杠杆。

（3）在交易所开户时，由于中登公司要求定向型资管产品的银行类委托人必须声明所有资金均为自营资金，因此对于嵌套后的定向型资管产品而言，想要进入交易所还需要一些别的结构安排。

（4）资管计划虽然可以投资非标资产，但必须为私募型资管计划，并且按照截至 2018 年 1 月的规定，资管计划不能发放信托贷款和投资委托贷款，只能投资资产（或资产收益权）买入返售模式的非标资产。

由此可见，四大资产类别里只有银行间市场目前面向所有资管产品开放且没有附加任何条件，交易所债券虽然也面向所有资管计划开放，但对定向资管计划的开户是有要求的，必须让定向资管计划的银行委托人申明资金来源于自有资金（对银行理财而言，由于理财产品属于"综合理财服务"而非特殊目的载体，不存在"自有资金"的概念），其他市场均有各种各样的门槛。

总体来看，大部分门槛都是为银行理财而设的——这似乎与银行理财的管理人商业银行在诸多领域受到限制有关系。

因此，我们可以以银行理财作为主视角，考察一下资管产品需要进行嵌套的几个模式：

（1）银行理财投资场内股票质押，如图 2 - 1 所示：

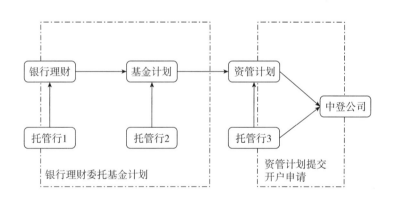

图 2 - 1　银行理财投资场内股票质押的流程图

根据中登公司的开户指引，证券公司定向资产管理计划如果想要开立证券账户，资管计划的银行委托人必须声明资金来源于自有资金，因此必须透过基金子公司资管计划开立证券账户，完成场内股票质押融资业务。

在此结构中，中间层即银行理财嵌套的第一层通道，可以使用基金子公司资管计划或证券公司资管计划，使用信托计划也同样可行。只不过，根据"银信合作"的相关规定，银行理财与融资类信托合作会导致商业银行和信托公司同时消耗资本，因此必须将银信合作模式改变为银行理财—券商资管计划—信托计划的银证信合作模式，嵌套层数再增一层。

上述情况产生的多重嵌套为监管机构所诟病，然而金融机构却显得无可奈何，毕竟以银行理财资金参与交易所债券市场或者场内股票质押式回购并未超出银行理财（股票质押对应私募类的银行理财）的实际的投资范围，也符合服务实体经济的基本原则。因此，在《指导意见》逐步落地之时，这个问题也可以通过监管机构之间的协调来得到解决。

（2）银行理财投资非标准债权资产，如图 2－2 所示：

图 2－2　银行理财投资非标准债权资产的流程图

在图 2－2 中，银行理财所投资的非标资产为买入返售类非标准化债权资产，这些资产通常以应收账款等债权或长期股权投资等股权作为底层资产，融资人将这些资产的所有权或收益权卖出，并约定远期以溢价回购。非标资产的另外一种形式——委托贷款和信托贷款则为信托计划所专有。

这是因为，在证监会管辖范围内的资管产品，无论是证券公司资管计划、基金，还是基金子公司资管计划，均无法直接投资信贷类非标资产（如信托贷款、委托贷款等），而在证监会和基金业协会 2018 年下发的"窗口指导"中，信托贷款和委托贷款的监管越来越严，已到了几乎做不了的地步。

虽然基金业协会声明对"类信贷"业务监管尺度收紧，但证券公司资管计划和基金子公司一对一资管计划依然可以投资资产买入返售类的非标资产；通常融资人会出让其所持有的股权或应收账款等各类收益权，同时约定远期溢价回购，这使资产转让变成了融资。然而，这种交易结构天生便具有法律上的瑕疵，一旦融资人无法还款或者与融资人发生纠纷，资产收益权能否与普通债权享受同等权利则存在疑问。

二、委外业务带来的多重嵌套

从形式上说，委外的形式一共有两种：一种方式是资管机构聘请委外管理机构作为投资顾问，进行研究分析、询价工作，并出具投资建议，资管机构根据委外机构的投资建议决定是否成交。这种模式需要资管机构和委外机构同时具备投资能力和投资研究人员，或资管机构能够对委外机构的投资建议进行一定程度上的审核。从风险管理的角度上说，这样的模式显然能够更好地消除信息不对称和"道德风险"，但由于其费时费力，以往的委外模式中，这种不涉及多重嵌套的业务模式没有被主流市场接纳。

另一种方式更加常见，资管产品直接购买委外机构所发行的公募/私募的集合或定向/单一资管计划、信托计划、基金专户等产品，由委外机构直接进行交易操作，委外机构此时也是一个资管机构，在这样的模式中存在实体承载的委外关系而非合约承载的委外关系，也就是说，这里存在着一个特殊目的载体。

1. 资管机构为什么要做委外

《指导意见》还没有下发的预期收益时，除了委托人图省事可以轻松把管理压力转移给委外机构外（但同时也增加了信息不对称和"道德风险"），特殊目的载体的最大作用就是风险隔离。至少从账面上看，特殊目的载体能够做到风险隔离。

以 A 银行发行保本理财产品 B 为例，其保本理财 B 本来持有 100 亿元的债券资产，按照保本理财的会计处理，A 银行必须要对 B 理财这个特殊目的载体进行并表处理，那么这 100 亿元债券可能会有 50 亿元债券被放入"交易性金融资产"或"可供出售金融资产"这两个科目中，导致这些债券的波动影响净利润和净资产。

换个思路，B 理财不持有任何债券资产，而是将这 100 亿元资金购买委外管理人发行的定向资管计划，那么哪怕委外管理人把这些资产全部配置到相同的债券上，A 银行也不必承担债券市场波动的风险；取而代之的是，A 银行在并表时会将 B 理财所持有的定向资管计划份额作为应收金融工具，纳入表内进行核算。虽然按照《关于规范金融机构同业业务的通知》（银发〔2014〕127 号），A 银行仍需对定向资管计划进行穿透以计算加权风险资产，但至少从账面上说，A 银行已经剥离了债券市值波动带来的影响。

为什么要做委外，可能由于管理资金规模太大超过自身能力限制；或者因为目前市场难以操作，缺少资产，需要转嫁投资压力；又或者是因为投资限制太多，为了提升竞争力，只能将资金委外以规避行内监管。但是，做委外的真正目的或者说其行为的真正内核则是特殊目的载体的最初作用——风险隔离。

对于不需要和金融机构进行并表的资管产品，利用特殊目的载体进行委外业务同样也可以做到风险隔离；当然，这种隔离也是建立在该特殊目的载体或资管产品的运营模式，也是资金池模式的这个前提之下。

比如，A 信托公司发行了现金管理类信托计划 B，B 信托是典型的滚动发行、分离定价、期限错配和集合运作的资金池类产品，其投资模式相对简单：70% 的底层资产为在北金所、银登中心等"非标转标"平台上挂牌的债权融资计划，30% 的底层资产为流动性资产。

随着其债权融资计划不断到期，B 信托面临着资产荒，其想加大对债券市场的投资，但自身投资研究和交易团队不够强大，无法管理更多资金。于是 B 信托决定将无法管理的那部分资金委托给 C 证券发行的 D 资管计划。

D 资管计划同样属于资金池模式的产品，B 信托购买了 D 资管计划，预期收益率为 6.5%，期限为 1 年，C 证券从 D 资管计划里找出 10 只符合 B 信托投资范围的债券，制作了底层持仓清单交给 B 信托。由于资金池天然有"刚性兑付"的存在，只要这一年以内 D 资管计划能继续滚动发行，那么 D 资管计划实际上成为 B 信托隔绝风险的工具。如果 B 信托直接购买那 10 只债券，那么它直接承担了这些债券的信用风险，1 年后到期时还承担了这些债券的市场风险和流动性风险，但直接购买 D 资管计划，B 信托似乎都没有承担这些风险。

2. 产品委外可能导致的问题

产品委外引发的第一个问题就是信息不对称所带来的"道德风险"问题。

道德风险（Moral Hazard）是信息经济学、博弈论和机制设计理论的一个专业名词，涉及一个被称作"委托—代理"（Principle - Agent）的环境里，委托人的收益取决于代理人的努力，加上部分随机事件或外部环境的影响，但委托人却只能观察到事情的成败（如到底有没有赚到钱），不能观察到代理人的努力。

由于委托人只能观察到任务的完成情况，而不能区分任务的完成里有多少是随机因素导致的，有多少是代理人带来的，例如在投资过程中，委托人就不能辨认出赚的钱哪些是市场给的，哪些是管理人的能力赋予的，这就让管理人有了侥幸心理，导致代理人可能会更加懈怠或更加冒进。

"道德风险"被认为导致了流氓交易员问题和 2008 年的金融危机，因为委托人股东、债权人和储户并不清楚金融业从业人员在做什么，导致缺乏有效监管，让次贷中的点滴欺诈汇聚成了严重的金融危机。

资产管理业务也被认为是典型的"委托—代理业务"，是最容易因信息不对称而发生"道德风险"的领域。2007 年诺贝尔经济学奖获得者 R. Myerson 曾著文描述了资产管理行业中的信息不对称和道德风险问题——对金融机构而言，不能对资管产品进行穿透管理便是最大的信息不对称来源，也是道德风险高发的主要原因。

委外产品也是如此，特别是那些购买的集合类资管产品或无法穿透到底层的公募基金的投资人，委托人无法做到事前监控，事后监督，管理人是极可能出现"道德风险"的。由于管理人的业绩受到市场的影响极大或根本不公布，委托人难以发现管理人的实际管理能力，自然也难以监管管理人的"道德风险"行为。

这些"道德风险"，在市场运行良好的时候不会被暴露出来，当市场风向逆转的时候，"道德风险"的危害就会真正暴露出来了。2018年5月，信用违约事件频发，导致金融市场对高收益债券抱有不信任感，信用债的不断下跌也使之前管理人不慎投资的债券承压或"踩雷"。

对于规模较大的资管产品而言"踩雷"似乎是一件难以避免的事情，但对于投资者而言"踩雷"的感受却并不愉悦，尤其是那些无法穿透管理的产品。

例如，随着信用风险的逐步暴露，2018年5月，某公募基金披露了自己的部分持仓，其前五大持仓里有部分已违约或市值承压的债券拖累了基金净值的表现。同时，有投资人炮轰某资管机构将某些承压债券放入自己投资的产品之中，以致该产品的净值短期内迅速下跌，而这些产品，无一例外是不能穿透或管理人不愿穿透的产品。

不能穿透或不愿意穿透的资管产品主要为面向金融机构发售的集合类资管产品如银行同业理财、券商/信托现金管理类产品、资金池类资管计划/信托计划、一对多基金专户等；而公募基金（包括定制型公募基金）则无须穿透。

因此，无法穿透管理的资管产品发生"道德风险"事件（或单纯的风险事件）无疑在提示穿透管理或者以"资管产品"方式进行委外业务的必要性：如果缺乏对管理人在机制上的制衡，使管理人可以轻易制造"道德风险"，那么投资人也会调整自己的行为，开始"逆向选择"从而减少购买这类资管产品。

另一个产品委外业务带来的问题则是接着第一个问题的：既然委托人不能对委外机构进行监管，那么如果委外产品亏损了呢？

举例来说，A银行发行了100亿元理财产品，综合静态资金成本为5%，广泛投资于现金、存款、债券及非标资产，其综合静态收益率为6%，因此当这100亿元理财资金在一年内不断到期后，银行会逐步收取1亿元的管理费。

由于当年债券行情大好，银行在不断交易操作中获利颇丰，共获得了2亿元的资本利得，到年底时银行会将这2亿元资本利得作为浮动业绩报酬计入自身损益表中。

这样，在整个年度里，A 银行在这规模 100 亿元的理财产品里共赚取了 3 亿元中间业务收入，这是"干净纯粹"的 3 亿元收入，不像资产负债业务那样还需要扣除表内资金成本，计算成净息差后再计算资本成本或计提拨备。

如果加上委外的例子，那么我们可以假设 A 银行将 100 亿元理财资金全部委外给 B 证券，B 证券为 A 银行给出的业绩比较基准为 6%，并且实际 B 证券的资产组合静态收益率也为 6%，而 A 银行募集理财资金的成本仍然是 5%，这样到了年底，A 银行依然可以获得 1 亿元的固定管理费。B 证券在当年的投资操作中额外赚取了 2 亿元。按照 A 银行与 B 证券事前的约定，按照"3/7"对额外收益进行分成，这样银行理财获得了 1.4 亿元委托资产的超额收益（作为 B 证券的委托人）或浮动业绩报酬（作为客户理财资金的管理人），而 B 证券则获得了 6000 万元的浮动业绩报酬。

但是，如果市场风向转变，委外亏损了呢？

假设当年债券市场走势非常低迷，B 证券在投资操作的过程当中损失了 2 亿元的资本利得，这样到年底整个委外组合的资产净值仅为 104 亿元，尚且无法覆盖客户的本金及收益 105 亿元。

所以理论上，A 银行应该自掏腰包拿出 1 亿元来补贴客户，在损益表上将 1 亿元记作其他支出，然后结束与 B 证券的委外合作吗？

事实并非如此，B 证券的特殊目的载体的账面上的确显示出了亏损，而且一旦该委外被 A 银行清盘，这个损失就必须由 A 银行或理财投资人来承担。但 A 银行同样有另外一种选择：继续维持 B 证券的委外关系。

怎么维持呢？我们假设 A 银行的理财发行依然持续，当这 100 亿元理财到期将拿到 105 亿元本金及收益时，A 银行再度发行募集了 100 亿元理财来维持整个资金池的稳定，也就是说，整个资金池只要能够额外拿出 2 亿元就能解决问题。2 亿元包括了亏损产生的 1 亿元和 A 银行理财需要向投资人收取的 1 亿元固定管理费。

B 证券手里持有着 100 亿元面值的债券，要解决 2 亿元的流动性简直易如反掌，可以选择代持或者正回购，实在不行 A 银行可以多募集一点资金，如募集 102 亿元便可解决问题。

所以，当面临亏损时，由于特殊目的载体层的风险隔离，A 银行和委外机构可以将净值亏损的风险转变为流动性风险，也就是说只要兑付没问题，A 银行就没有必要让委外清盘坐实亏损。

由此可见，在流动性风险没问题的前提下可能是因为资金市场宽松，钱好借、代持好找；也可能是因为理财市场一片火热，规模不断扩张，理财募集总比到期多，兑付不成问题。A 银行有很强激励做大规模，因为委外的业绩比较基准和客户收益之间始终存在差额，利差一定的情况下，规模越大，A 银行就越赚钱，而且理财规模不断扩张也有利于解决兑付时的流动性缺口。

所以，从 A 银行的例子就可以找出银行拼命扩大理财规模的内在逻辑，以及为什么委外的亏损不会显示在银行理财的财务报表上，更不会显示在银行自己的财务报表上。多重嵌套的金融结构看起来远比人们想象中要稳定。

只不过，特殊目的载体的风险隔离作用从某种程度上说也断绝了金融系统自我改善的动力，所以在多重风险隔离下，小的下跌很少发生，下跌就是大的。

但是，当资金池产品和特殊目的载体的流动性出现了问题，再也募集不到资金了怎么办？我们将继续以 A 银行理财和 B 证券资管计划为例子：

由于 A 银行理财和 B 证券定向资管计划属于两个独立的特殊目的载体，两者基本上独立运作，其流动性压力的传导能力也较弱。例如，当 A 银行发现自身理财流动性出现问题，与其他银行相比缺乏竞争力，募集资金和到期资金之间出现缺口时，A 银行可以通过提价、多发行同业理财来补充流动性。

对 B 资管计划也一样，当资管计划出现流动性缺口时，B 资管计划也可以通过寻找更多委托人，在同业资金市场上借入更多资金，寻找代持等方式来解决流动性问题。

所以，当 A 理财投资 B 资管计划的时候，A 理财可以将自己的流动性压力转嫁给 B 资管计划，也可以自行通过其他方式解决，而如果

B资管计划出现亏损,一般而言,除非A理财通过其他方式没办法解决流动性缺口,才会选择从B资管计划里撤出资金。

由此可见,一般的流动性压力不会由A理财传导到B资管计划,或者说,从委托人传导到委外管理人,这同样也形成了风险隔离的屏障,但这样的屏障并不是滴水不漏或者固若金汤的:当委托人的流动性缺口大到难以接受的程度,压力就会传导到管理人,导致管理人"去杠杆",从而引发系统性风险。

因此,施加足够压力进行"金融去杠杆"改革,就显得很有必要了。

第三节 以银行理财为中心的资管结构

截至2017年底,中国资产管理行业的"四大玩家"(银行理财、信托计划、资管计划和公募基金)的总规模已接近百万亿元人民币,其中银行理财规模约占30%,信托计划规模约占27%,证券公司资管计划规模约占17%,其余为公募基金和基金专户、基金子公司资管计划等,如图2-3所示。

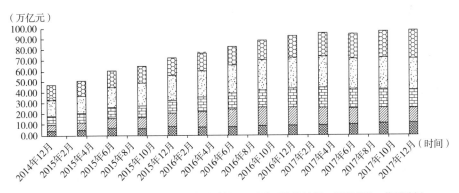

图2-3 各资管产品行业占比

资料来源:Wind。

名义上银行理财只占有 30% 的规模，虽说是规模最大的资管产品，但也绝对没有达到"统治"或"中心"的地位；信托计划规模与银行理财接近，而基金管理公司（包括其子公司）的管理规模也超过了 25 万亿元。

但是，中国资产管理行业的结构又的确是以银行理财为中心来构建的。这主要体现在以下几个方面：

一、资金来源上的发动机

不论是欧美和日本等已经进行了利率市场化改革的国家，还是中国正在进行的利率市场化进程中，只要去归纳和总结，总会发现资产管理行业的发展与利率市场化之间的关系。

毫无疑问，利率市场化改革总是先放松资产端，如贷款的利率管制，随后再放松负债端，如存款的利率管制。由此，在利率市场化进程和通货膨胀的进程之中，资产端收益不断上涨后，不少资金从商业银行等金融机构的资产负债表中"溜出"，投入资产管理行业之中，带来了资产管理行业的大发展。

所以，站在资金的角度上看就可以说：谁承接了最大量的居民及企业存款，谁就是资产管理行业的中心。

那么谁承接了最大量的居民及企业存款呢？我们需要了解资产管理行业的两大作用：如同本章第二节里讲到的，资管产品的两大功能就是通道与委托投资，通道业务自然都是为金融机构提供便利的，例如银行理财帮助金融机构藏匿坏账，信托计划为金融机构包装非标资产等；而委托投资业务里既包括了居民和企业的投资需求，同时也包括了金融机构和资管产品的投资需求，如面向个人与企业客户的集合资管计划、给金融机构提供现金管理服务的单一信托计划等。

所以，可以简单进行一个划分：单一、定向类的资管产品大多数面向同业，极少数面向企业和私人银行客户且大部分为通道类业务；集合类资管产品则多面向个人和企业客户，部分面向金融机构及资管产品。

所以，我们通过集合：定向/单一/专属理财来大致估算资管产品中来自社会公众和金融同业各自的资金占比，如图 2 - 4 所示：

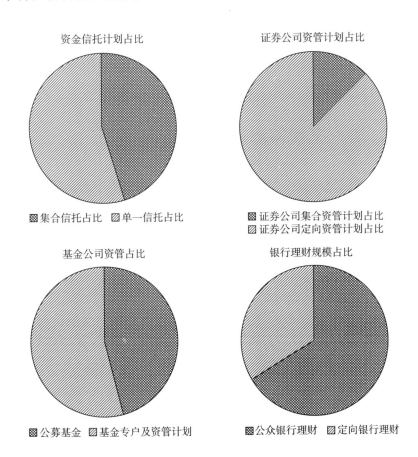

图 2 - 4　各资管产品不同募集方式的对比

资料来源：Wind。

从这个角度看，基金公司与信托公司的集合：定向/专户的比率接近 50%，指标数据稍好，银行理财产品的数据无疑是最好的，其面向不特定社会公众的集合理财超过 65%；在专属/定向银行理财产品中，也有 2/3 来自于企业客户，证券公司的客户来源无疑是最不稳定的。

然而，信托公司和基金公司的数据并不像想象中的那么好，由于金融机构同样也会购买公募基金和集合信托，但几乎不会购买集合理财产品，因此对信托公司和基金公司而言，来自金融同业资金的规模占比很可能超过60%。

在一个以"银行结算"为基础的金融行业里，金融机构的所谓"同业资金"均是居民、企业和财政资金的另类体现，从这个角度上看，银行理财是获得居民、企业和财政资金最多的资管产品，的确是资管行业的中心。从业务结构的角度上看，这种中心更加明显。

二、业务发展的起源

按照人民银行的分类，资管产品这一特殊目的载体，因其由金融机构发起、设立和管理，也被认为是"非银行类金融机构"。虽然银行理财产品被认定为"综合理财服务"不具备法律主体地位，但在统计时，人民银行依然把其看作金融机构。

这就会出现一个比较有趣的现象：当一种资管产品投资另一种资管产品时，人民银行及监管机构的统计中，这种做法既无形中扩大了资管行业的管理规模，又增加了金融机构投资资管产品的规模。

举例来看，A银行理财投资了10亿元于B定向资管计划作为委外产品，B资管计划为了能够进入交易所市场，必须进行多重嵌套，由于中登公司在开立交易所账户时必须要求定向资管产品的银行委托人声明资金为自营资金，而银行理财的法律属性为"综合理财服务"，自然不能声明资金为自营资金，所以B资管则需要投资C资管计划，通过C资管计划名义去开立交易所账户。

这样在统计时，整体资产管理行业的规模增加了30亿元，而金融同业机构投资资管产品的规模增加了20亿元。

所以，若继续上一节的逻辑：在一个以"银行结算"为基础的金融行业里，金融机构的所谓"同业资金"均是居民、企业和财政资金的另类体现，而当银行理财开始投资其他资管产品的时候，中国就不再像美国的资管行业那样"去中心化"，而是变成了以银行理财为中心的"洋葱结构"，如图2-5所示：

在这个结构里，银行理财是所有资产管理产品的中心，这种中心并不是像中央清算是所有交易的中心，其操作模式主要为配置型的银行理财，其交易投资并不是最活跃的。银行理财成为资管行业的中心依靠的是规模扩张的能力，就像基础货币创造派生货币那样，银行理财也可以通过购买其他资管产品来创造资产管理行业的管理规模。

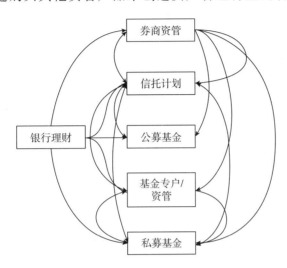

图 2 - 5　中国资产管理行业特殊的洋葱结构

那么，银行理财会购买其他资管产品吗？按照上文中对通道业务和委外业务的分析，不仅银行理财会购买其他资管产品，其他资管产品也会进行相互嵌套，形成资管产品的嵌套矩阵——这背后还是资管产品投资范围与市场准入标准不匹配所导致的问题。

《关于规范金融机构资产管理业务的指导意见》已经在着手修复这个"Bug"，在第二十二条里，监管机构对该问题进行了"修复"：

"金融监督管理部门和国家有关部门应当对各类金融机构开展资产管理业务实行平等准入、给予公平待遇。资产管理产品应当在账户开立、产权登记、法律诉讼等方面享有平等的地位。金融监督管理部门基于风险防控考虑，确实需要对其他行业金融机构发行的资产管理产品采取限制措施的，应当充分征求相关部门意见并达成一致。"

如此一来通道类业务就会消失吗？

第三章 《指导意见》的内部逻辑

《关于规范金融机构资产管理业务的指导意见》（以下简称《指导意见》）发布以来，一直都是金融机构与金融市场的"重点关注对象"，其"打破刚性兑付""禁止资金池"的意愿，也将改变现有资产管理行业的格局，以往的监管条款并没人提出"打破'刚性兑付'""禁止资金池"，所以哪些关键条款让"打破'刚性兑付'"和"禁止资金池"成为可能，这个问题开始被笔者关注。

从《指导意见》的内部逻辑出发，我们可以像剥洋葱一样，将《指导意见》的条款结构层层剥离，找到最为核心的条款。

在对《指导意见》的内部逻辑进行梳理之前，我们需要对目前资产管理行业的运行现状进行梳理，发现与《指导意见》条款相匹配的问题，才能发现《指导意见》的内部逻辑，找到《指导意见》的核心条款。

第一节 资管行业现状：产品模式与资产配置

一、资管行业的主流产品模式

中国资产管理行业自20世纪90年代末期建立，经历了近20年的发展，从管理人主体上看，已经形成了银行理财（由银行管理）、信托计划（由信托管理）、资管计划（由证券公司、基金公司与子公司、期货公司管理）、公募基金（由公募基金公司管理）、私募基金（由私募管理机构管理）、保险资管（由保险资产管理公司管理）这六个主要的大类。如今随着互联网金融的崛起，各类不持有金融牌照的互联网金融公司也发行了不少不受金融监督管理机构监管的产品，也算是另类的资管行业参与者。

不过，虽然从管理人的角度出发资产管理产品似乎被割裂为六大部分，但从产品结构上看，中国的资产管理产品其实仅有两大类和三小类，如图 3 - 1 所示。

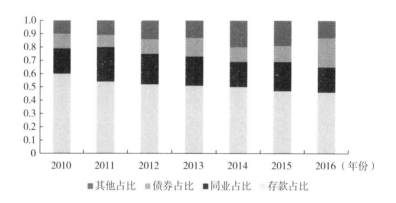

图 3 - 1　资管产品被分为两大类三小类

资料来源：兴业研究。

从产品的收益获取方式来看，一种是从价差出发，利用买入卖出、申购赎回或起始到期之间产品净值之差来获取收益的产品，被称为净值型产品；另一种是从收益率出发，产品提供固定或浮动的收益率，投资者持有产品的时间越长，其赚取的收入越高的产品，被称为预期收益型产品。

根据其所投资模式的不同，预期收益型产品又可以被分为资金池产品和封闭不错配产品。

1. 净值型产品

净值型产品主要为按照《证券投资基金会计核算业务指引》操作，使用一定会计估值核算方法对产品净值进行估值并定期向投资人公布，投资人获取收益的方式是卖出、赎回或到期时的产品净值与买入、申购或起始时的产品净值之差的一类资管产品。公募基金就是这一类产品的典型代表。

根据中国企业会计准则，对金融资产的估值方法被分为了两种：一种为摊余成本法，另一种为公允价值法。财政部会计司也在《企业会计准则22号——金融工具确认与计量》中明确使用摊余成本法的资产范围：

（二）该金融资产的合同条款规定，在特定日期产生的现金流量，仅为对本金和以未偿付本金金额为基础的利息的支付。

只要是债权工具，不管是债券、贷款还是非标资产，均适用摊余成本法。相反，权益类资产，不管是股票还是非上市公司股权，也不管其持有的目的是投资还是交易出售，都不能使用摊余成本法。

对公允价值法而言《企业会计准则39号——公允价值计量》也提到，使用公允价值法的基础是要存在"有序交易和市场"，那么对于资管产品所能投资的这些资产类别里，非标资产、贷款等不存在"有序交易和市场"，因此只能使用摊余成本法；股票等资产又不存在"利息支付"，只能使用公允价值法。只有债券既存在"有序交易和市场"，又存在"利息支付"时才既可以使用公允价值法，又可以使用摊余成本法的一类资产。

对债券这种既可以使用公允价值法又可以使用摊余成本法的资产的会计处理方式构成了净值型产品的两种分类：用公允价值法处理债券净值的被称为按公允价值计量的净值型产品；用摊余成本法处理债券净值的被称为按摊余成本法计量的净值型产品。

2. 封闭不错配产品

资管产品是否需要公布净值，以及资管产品的收益是否必须体现为净值的增长？这些分歧最终导致了资管产品分裂为净值型产品和预期收益型产品。

预期收益型产品，顾名思义，是提供了预期收益率的产品形式，而通常这类预期收益率产品在提供预期收益的同时，还会给出一个产品的固定期限或开放频率。银行理财是这类产品的典型代表。预期收益型产品的预期收益率可以是固定的，也可以是浮动的，绝大多数预期收益型产品都采取了固定的预期收益率，而浮动的预期收益率主要则会附加条件，常见的附加条件为持有时间越长，预期收益率就越高，或是挂钩某类指数的表现。但预期收益型产品最大的特点是，不论预期收益率是高是低，是固定还是浮动，都不会出现负收益率的情况。

对于预期收益型产品而言，其不像净值型产品那样需要顾及各类产品不同的估值，只要金融资产的合约现金流能够覆盖资管产品提供给客户的预期收益即可，在投资范围和投资策略的选择上宽容度更高。

根据预期收益型产品是否存在期限错配的情况，我们仍然可以把预期收益型产品细分为资金池类产品和封闭不错配产品。封闭不错配产品的重要特征为：所投资资产的到期日或交易处理日不得晚于资管产品的到期日或最近一次开放日。举例说明，如果资管产品所投资的是非标资产，那么非标资产的到期日不得晚于资管产品的到期日或最近一次开放日；若资管产品所投资的是债券和股票等标准化资产，则必须要保证所投资的资产能在资管产品的到期日或最近一次开放日之前完成交易。

投资非标资产且资产与产品期限一一对应的封闭式产品，以及衍生品行权日与产品到期日对应的结构性存款、结构性理财都属于封闭不错配产品。

封闭不错配产品一般不包含标准化资产，净值估计方面可以使用摊余成本法、公允价值法计量净值，或不计量净值。

3. 资金池产品

资金池产品是现有资管行业里最为通行的产品模式。一般而言，一个典型的资金池产品给投资者提供了固定收益率、固定期限，可能会向投资者进行投资说明，但不会向投资者公布产品净值，并且存在着"刚性兑付"的默认假定。市面上大多期限不同、提供预期收益率的产品都是资金池产品。

在《指导意见》之前，各家金融监管机构都对资金池进行了定义，银监会《商业银行理财业务监督管理办法（2016征求意见）》里，资金池被定义为"滚动发行、分离定价、集合运作、期限错配"；而证监会则在八条底线里界定资金池产品的特点为"混同运作、无合理估值、分离定价、投资非标、滚动发行"，加上《指导意见》《商业银行理财业务监督管理办法（2018征求意见）》统一对资金池"滚动发行、分离定价、集合运作"的定义，基本可以勾勒出资金池产品的投资和运作模式。

资金池产品通常是一个产品系列，由若干个封闭式资管产品所组成，也可以是一个定期开放的开放式产品。这个产品或产品系列采取投资业绩与客户收益分离的方式，向客户"许诺"预期收益率且一般来说无论投资业绩如何，客户总能达到预期收益率。

产品管理人可能基于管理需求，对资管产品进行估值，但不会公布产品净值，若所投资资产出现质量问题，产品也不会对其进行减值处理或影响客户的投资收益。

当客户赎回后产品到期时，产品管理人的优先选择并不是出售资产，因为出售资产将按照市价对资产价值进行重估，对管理人不利，而是会选择发行新的产品或招揽新的客户，以填补流动性缺口。

资金池产品还有一个重要的判定因素：非标资产等缺乏流动性、无法变现的资产到期日是否晚于产品到期日或最近一次开放日。

4. 净值型产品与资金池产品的互相转换

使用摊余成本法计量的净值型产品存在可以与资金池产品相互转换的方式，这也解释了为什么以资金池产品为主的金融机构在开始转型时，总是愿意从摊余成本法计量的净值型产品开始。

转换过程需要使用嵌套，其主要模式为：创立使用摊余成本法计量的净值型产品A，并用产品A募集来的资金投资于资金池产品B，该资金池产品B可以使用摊余成本法计量净值，但会向产品A提供预期收益率和固定期限。

因此净值型产品 A 可以将所投资产品 B 的份额视作持有至到期投资，采用摊余成本法进行计量，按照产品 B 提供的预期收益率累积产品净值。

产品 A 的投资人因而获得了固定的预期收益。

二、产品的对比

1. 流动性及投资范围

在资管产品的三个类别里，资金池产品的投资范围是最广的：可以包含交易市场、结构标准且有一定流动性的股票、债券等资产，还可以包含非标资产、非上市股权、另类资产等没有流动性的资产；封闭不错配产品的投资范围与资金池产品类似，但由于其产品的期限与所投资资产的最长期限有关，因此虽然在投资范围上具有优势，但产品却缺乏流动性。

净值型产品里，按摊余成本法计量的净值型产品的投资范围广泛，存在着相机决策的情况，这类净值型产品若投资了股票等无法使用摊余成本法的资产，就会对不能使用摊余成本法的资产使用公允价值法等，其余资产依然使用摊余成本法，因此投资范围非常广泛，也存在着期限错配的问题；使用公允价值法计量的净值型产品由于公允价值法的应用相对严格，所以不能投资没有公允价值的资产如非标资产、非上市股权等，净值型产品的流动性限制并不大。

若投资非标资产、非上市股权等流动性差的资产，摊余成本法净值型将和资金池产品差别不大，都含有期限错配、集合运作、滚动发行的特点，经过技术改造也可以使摊余成本法净值型实现分离定价，因此我们可将此类摊余成本法净值型产品视为资金池产品。

三类产品中，封闭不错配产品的投资范围广，但流动性差；净值型产品的投资范围窄，但流动性好；只有资金池产品的投资范围广，流动性也好。

2. 产品的会计处理

预期收益型产品由于存在着预期收益，通常也存在着固定期限，合同的现金流清晰，当企业机构和金融机构购买这类预期收益型产品时是可以使用摊余成本法计量，将该产品放入"持有至到期"科目的。对于金融机构而言，这类资产是重要的"利息收入"，当贷款、非标资产、债券收益率走低时，预期收益型产品成了银行获得"利息收入"的重要来源，2016年的资产荒就是这样的原因造成的。

净值型产品不存在预期收益，投资者获得的收益来自于买入、申购、起始与卖出、赎回、到期时的净值差价，当企业机构和金融机构购买这类净值型产品的时候，只能选择使用公允价值法，将该产品放入"交易性金融资产""可供出售金融资产"科目之中。这类资产对金融机构而言只能获得"价差收入"。

3. 资金池产品的"刚性兑付"

预期收益型产品常常带有"刚性兑付"的性质，但封闭不错配产品和资金池产品在"刚性兑付"上的原理并不相同，相比较而言，资金池产品的"刚性兑付"对整个金融体系的危害更加巨大。

当资产遭遇延期支付、违约等质量损害时，封闭不错配产品通常选择的是由管理机构或管理机构指派的第三方机构以约定的价格溢价购买这类问题资产。以信托计划为例，若某信托计划的融资人延期支付或违约时，信托公司通常会以自身自有资金回购这笔问题资产，对投资者进行"刚性兑付"，或请第三方机构回购这笔问题资产后，信托公司再对该笔回购提供信用增级。

资金池产品通常不会选择由谁来进行"刚性兑付"，由于资金池产品并不要求公布净值或对投资业绩进行审计且投资业绩与投资人收益完全分离形成"分离定价"，当所投资的资产出现质量损害时，资金池产品不需要由任何投资人、管理人或第三方机构来承担损失，而是继续滚动发行产品，用时间逐渐化解资产的质量损害。

资金池产品提供了一种化解风险的模式：很多违约与延期支付只是暂时的，融资人有很大概率仍能"缓过来"，利用"时间换空间"，资管产品依然有很大概率回收投资。但是这样的化解风险模式同时也可能是积累风险的模式，当经济周期转向不利的方向资产质量大多下滑时，资金池前期积累的风险还来不及化解，新的风险就已形成，当流动性出现问题，就可能引起系统性风险。

第二节 《指导意见》的内部逻辑

一、《指导意见》的条款

《指导意见》全文共三十一节，从第四节开始至第三十节结束，分别从资管产品类别、投资者类型、非标资产认定、打破"刚性兑付"、公平竞争等多个角度对资产管理行业进行了规范，具体内容如表 3－1 所示：

表 3－1 《指导意见》条款分布

条款序数	主旨	条款序数	主旨	条款序数	主旨
四	产品可按募集方式和投资方式区分	五	投资人的分类	七	金融机构参与资管业务的资格
八	合规审慎管理资管业务	九	合规进行代销管理	十	公募/私募产品投资范围
十一	标准资产的认定	十二	资管产品的信息披露	十三	设立资管子公司以与母公司业务隔离
十四	资管产品独立托管	十五	规范资金池	十六	每只产品风险与资金能匹配
十七	操作风险准备金	十八	净值化管理与公允价值计量	十九	打破"刚性兑付"
二十	资管产品的杠杆限制	二十一	监管产品分级	二十二	规范产品嵌套

条款序数	主旨	条款序数	主旨	条款序数	主旨
二十三	合理使用人工智能	二十四	合规投资	二十五	资管数据统一报送
二十六	对所有资管产品统一监管要求	二十七	严禁多重套利	二十八	监管机构应统一处罚标准
二十九	过渡期安排	三十	金融机构才能进入资管行业		

资料来源：中国人民银行，兴业研究。

从内部逻辑出发，我们认为监管机构试图完成两个政策目标，分别为打破"刚性兑付"和禁止监管套利。两个政策目标像两艘航空母舰一样，被"战斗群"里的其他条款所包围。

二、打破"刚性兑付"的条款群

打破"刚性兑付"一直以来都是监管机构的重要政策目标，但在制度建设不完善的前提之下，打破"刚性兑付"基本只能流于表面，金融机构总能想到简单但高效的办法来解决监管机构的监管决策，例如当监管机构要求资管产品单独建账、单独管理、单独核算，也就是所谓的"三单"时，其目的是为了规范资金池，但金融机构可以将封闭式资管产品系列改为定期开放式资管产品，以规避"三单"要求，继续资金池运作。

由此可见，打破"刚性兑付"虽然是一个内涵外延都比较清晰的目标，但如果没有其他制度建设作为支撑，要实现该目标的难度仍然是相当巨大的，而《指导意见》则异于之前的监管规定，用条款群来确保打破"刚性兑付"这一政策目标，其内部逻辑如图3-2所示。

1. 打破"刚性兑付"的第一层条款群

在这个条款群里，核心条款自然是第十九条，"刚性兑付"的定义以及"刚性兑付"的惩罚，人民银行对"刚性兑付"的定义有三个部分：

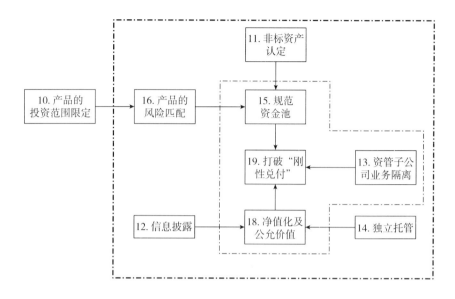

图 3 - 2　打破"刚性兑付"的条款群

资料来源：兴业研究。

十九、经金融管理部门认定，存在以下行为的视为"刚性兑付"：

（一）资产管理产品的发行人或者管理人违反真实公允确定净值原则，对产品进行保本保收益。

（二）采取滚动发行等方式，使得资产管理产品的本金、收益、风险在不同投资者之间发生转移，实现产品保本保收益。

（三）资产管理产品不能如期兑付或者兑付困难时，发行或者管理该产品的金融机构自行筹集资金偿付或者委托其他机构代为偿付。

（四）金融管理部门认定的其他情形。

第一部分为产品未净值化管理，以及在该使用公允价值的时候没有使用公允价值，未按照"真实公允"原则，这是估值的问题。

第二部分为产品滚动发行、分离定价，利用新购买客户的资金给刚到期退出的客户做"刚性兑付"，也就是银行运作模式，是资金池带来的问题。

第三部分则当终极风险发生，产品所投资的资产无法兑付，又有流动性危机，依靠金融机构或金融机构指定的第三方来兜底的情况，这种情况本质上依然是机构与资管产品在声誉上、管理上未能分离。

所以，针对"刚性兑付"的三大来源，人民银行设置了保障打破"刚性兑付"目标实现的第一层条款群：第十三条资管子公司与母公司的隔离，第十五条规范资金池，第十八条净值化以及公允价值计量条款，分别对应"刚性兑付"的三大来源。

2. 打破"刚性兑付"的第二层条款群

第十八条净值化管理是打破"刚性兑付"第一大来源的根本。

根据《指导意见》条款："十八、金融机构对资产管理产品应当实行净值化管理，净值生成应当符合企业会计准则规定，及时反映基础金融资产的收益和风险，由托管机构进行核算并定期提供报告，由外部审计机构进行审计确认，被审计金融机构应当披露审计结果并同时报送金融管理部门。"可发现，要实现净值化管理，仍然需要两个技术层面的支持，一是独立的托管机构，二是要定期提供报告并审计。

审计机构并不难找，也有一套成熟的审计规则，所以需要对制度"打补丁"的其实也就是"独立的托管机构"和"定期提供报告"。因此，人民银行为保障净值化管理能够不被绕过，特意增加了第十二条信息披露和第十四条独立托管的条款。

第十五条规范资金池是打破"刚性兑付"第二大来源的核心。条款如下：

十五、金融机构应当做到每只资产管理产品的资金单独管理、单独建账、单独核算，不得开展或者参与具有滚动发行、集合运作、分离定价特征的资金池业务。

金融机构应当合理确定资产管理产品所投资资产的期限，加强对期限错配的流动性风险管理，金融监督管理部门应当制定流动性风险管理规定。

为降低期限错配风险，金融机构应当强化资产管理产品久期管理，封闭式资产管理产品期限不得低于90天。资产管理产品直接或者间接投资于非标准化债权类资产的，非标准化债权类资产的终止日不得晚于封闭式资产管理产品的到期日或者开放式资产管理产品的最近一次开放日。

资产管理产品直接或者间接投资于未上市企业股权及其受（收）益权的，应当为封闭式资产管理产品，并明确股权及其受（收）益权的退出安排。未上市企业股权及其受（收）益权的退出日不得晚于封闭式资产管理产品的到期日。

金融机构不得违反金融监督管理部门的规定，通过为单一融资项目设立多只资产管理产品的方式，变相突破投资人数限制或者其他监管要求。同一金融机构发行多只资产管理产品，投资同一资产的，为防止同一资产发生风险波及多只资产管理产品，多只资产管理产品投资该资产的资金总规模合计不得超过300亿元。如果超出该限额，需经相关金融监督管理部门批准。

其中的监管要求主要为：①封闭式资管产品期限不得低于90天；②投资非标资产的资管产品期限有严格的限制；③不得变相突破人数限制等监管要求。为了满足上述监管要求，则必须要对非标资产和产品形式作出限制，因此有第十一条非标资产的认定和第十六条产品的风险匹配问题。

三、禁止监管套利的条款群

禁止监管套利与打破"刚性兑付"的政策目标并不一样，要打破"刚性兑付"，需要监管机构在设置监管条款时，其逻辑链条上的每一环都必须无懈可击，否则对打破"刚性兑付"都是打击。禁止监管套利更像是打补丁，有什么补什么，并不是特别需要逻辑链条上的变化。因此，禁止监管套利的条款群更加扁平，如图3-3所示。

禁止监管套利的核心条款自然是第二十七条，关于监管资管业务的四个原则：

对资产管理业务实施监管遵循以下原则：

（一）机构监管与功能监管相结合，按照产品类型而不是机构类型实施功能监管，同一类型的资产管理产品适用同一监管标准，减少监管真空和套利。

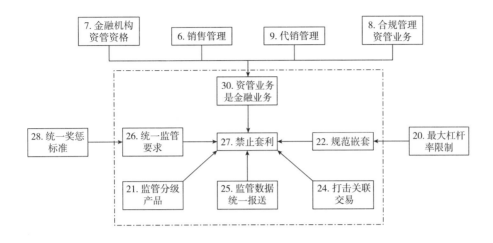

图 3 - 3 禁止监管套利的条款群

资料来源：兴业研究。

（二）实行穿透式监管，对于多层嵌套资产管理产品，向上识别产品的最终投资者，向下识别产品的底层资产（公募证券投资基金除外）。

（三）强化宏观审慎管理，建立资产管理业务的宏观审慎政策框架，完善政策工具，从宏观、逆周期、跨市场的角度加强监测、评估和调节。

（四）实现实时监管，对资产管理产品的发行、销售、投资、兑付等各环节进行全面动态监管，建立综合统计制度。

为了要实施以上四个原则，必须得在统一监管要求、规范产品嵌套、合规审慎投资、统一监管数据报送标准，以及在资管业务资格上进行一定程度的限制，所以必须要加入第二十一条对分级产品的限制、第二十二条规范产品嵌套、第二十四条合规投资和禁止关联交易、第二十五条统一监管数据报送标准、第二十六条统一监管标准，以及第三十条资管业务的资格问题。

从实际业务的角度出发，禁止监管套利的第二十七条实际上是从多层嵌套、发行销售（含代销）以及投资交易等多个环节来对资产管理行业潜在的监管套利动作进行打击和查漏补缺。

第三节 《指导意见》能放松什么

资管行业一直都是金融业重要的组成部分，这也导致了针对资管行业的监管政策一直以来都是金融机构与监管机构博弈的主战场：与其他表内业务相比，资管业务由于缺乏净资本的"安全垫"作用，直面市场风险，相比较其他业务更加脆弱，也更容易影响实体经济。

例如当宏观经济周期变化，需要更多逆周期政策予以支持，甚至需要放松金融监管的时候，哪些条款是监管机构比较容易放松的呢？

《关于进一步明确规范金融机构资产管理业务指导意见有关事项的通知》是过渡期内《指导意见》的第一个"补丁"，其对过渡期内《指导意见》的执行做出了几个特殊规定：①公募资产管理产品除主要投资标准化债权类资产和上市交易的股票，还可以适当投资非标准化债权类资产；②金融机构可以发行老产品投资新资产；③对于封闭期在半年以上的定期开放式资产管理产品，投资以收取合同现金流量为目的并持有到期的债券，可使用摊余成本计量，但定期开放式产品持有资产组合的久期不得长于封闭期的 1.5 倍；银行的现金管理类产品在严格监管的前提下，暂参照货币市场基金的"摊余成本 + 影子定价"方法进行估值。但是，该"补丁"其实也仅针对过渡期平抑市场波动和金融市场流动性而制定。除此以外，通过分析《指导意见》条款之间的内部逻辑，我们认为核心条款即第十九条打破"刚性兑付"以及第二十七条禁止监管套利、监管原则是不大可能会放松的，而这些核心条款同样需要其他条款的支持——也就是说，核心条款和为核心条款服务的第一层条款群是不大可能会被放松的，一旦放松，《指导意见》也就和以前的监管条款一样，实际效力大打折扣了。

所以，要想放松监管条款，只能在非核心、非第一层条款群中选择。

一、非标资产认定是最可能被放松的

那么剩下的第二层条款群是一些什么呢？在"打破'刚性兑付'"的条款群里，剩下的是：第十一条、标准资产和非标资产的认定；第十二条、产品信息披露；第十四条、资管产品必须独立托管；第十六条、产品的风险匹配问题，以及第十条、产品的投资范围限定。从以上条款看，最有可能被放松的是第十一条标准和非标资产的认定。

十一、资产管理产品进行投资应当符合以下规定：（一）标准化债权类资产应当同时符合以下条件：

1. 等分化，可交易。

2. 信息披露充分。

3. 集中登记，独立托管。

4. 公允定价，流动性机制完善。

5. 在银行间市场、证券交易所市场等经国务院同意设立的交易市场交易。

标准化债权类资产的具体认定规则由中国人民银行会同金融监督管理部门另行制定。

标准化债权类资产之外的债权类资产均为非标准化债权类资产。金融机构发行资产管理产品投资于非标准化债权类资产的，应当遵守金融监督管理部门制定的有关限额管理、流动性管理等监管标准。金融监督管理部门未制定相关监管标准的，由中国人民银行督促根据本意见要求制定监管标准并予以执行。

金融机构不得将资产管理产品资金直接投资于商业银行信贷资产。商业银行信贷资产受（收）益权的投资限制由金融管理部门另行制定。

针对非标资产的认定，市场解读颇多，主要集中在银登中心、北金所、票交所等平台还能否被认定为是非标转标的途径。但目前来看可能性并不大，如果过渡期延长至三年，那么绝大多数非标资产都能到期，新的融资途径就会尽量往标准债权资产上转移。

但如果经济下降较为明显，那么为此放松融资条件，放宽标准化资产的认定标准，将部分非标资产认定为标准化资产，也是可供选择的政策工具。

二、放松杠杆率也可能被用于"相机决策"

在"禁止监管套利"的条款群中，不属于核心及第一层条款的有：第六条、销售管理；第七条、获得资管业务资格的要求；第八条、合规管理资管业务；第九条、代销管理；第二十条、最大杠杆率限制，以及第二十八条、统一奖惩规则。

这些条款里大部分都是原则性条款，部分也涉及"公平竞争"，删除对"刺激经济"这种宏观经济调控的总量目标意义不大，唯一有意义的就是第二十条、最大杠杆率限制：

资产管理产品应当设定负债比例（总资产/净资产）上限，同类产品适用统一的负债比例上限。每只开放式公募产品的总资产不得超过该产品净资产的140%，每只封闭式公募产品、每只私募产品的总资产不得超过该产品净资产的200%。计算单只产品的总资产时应当按照穿透原则合并计算所投资资产管理产品的总资产。

金融机构不得以受托管理的资产管理产品份额进行质押融资，放大杠杆。

政策目标的放松包括两个方面：一方面，扩大单个产品的杠杆率，比如将开放公募产品的杠杆率由140%提高到180%，封闭式公募、私募产品的杠杆率由200%提高至240%，以扩大产品负债的能力；另一方面，允许资管产品的投资人把产品质押给金融机构融资，这一部分则赋予资管产品合格抵质押物的身份，允许投资人加杠杆。

总体上看，当经济或金融市场出现较大波动时，监管机构更有可能的放松会集中在产品杠杆率、投资人加杠杆以及非标资产认定上，其他核心条款被放松的概率不大。

第四节 关于《指导意见》条款上的再思考

在《指导意见》中，监管机构给出两类可以使用"摊余成本法"的豁免条件，都与封闭式资产管理产品有关：

金融资产坚持公允价值计量原则，鼓励使用市值计量。符合以下条件之一的，可按照企业会计准则以摊余成本进行计量：

（一）资产管理产品为封闭式产品，且所投金融资产以收取合同现金流量为目的并持有到期。

（二）资产管理产品为封闭式产品，且所投金融资产暂不具备活跃交易市场，或者在活跃市场中没有报价，也不能采用估值技术可靠计量公允价值。

首先注意，《指导意见》对这两类豁免的要求是"符合以下条件之一"，也就是说，两类条件里符合一类便可以按照企业会计准则以摊余成本法进行计量。不仅如此，"封闭式产品"是豁免使用公允价值法的必要前提，也就是说，想要使用摊余成本法来估计产品净值，产品首先得是封闭式的。

在其他条件方面，我们先注意豁免条件（二）中"所投金融资产暂不具备活跃交易市场，或者在活跃市场中没有报价，也不能采用估值技术可靠计量公允价值"的表述，那么哪些所投的资产属于"不具备活跃交易市场，或者没有报价、无法采用估值技术"的金融资产呢？

贷款类、应收金融工具类（如资产买入返售、股权收益权买入返售等）这类被严格认定为非标准化债权资产的金融资产自然在上述定义之内，同业存款、拆借、质押式与买断式回购等显然也属于那一类"没有报价，无法可靠计量公允价值"的金融资产；在会计上被分入"拆放同业"科目，但实际上交易结构与非标资产类似的同业借款自然也属于这类资产。那么，以前的摊余成本法净值型资管产品"最爱"的"私募债券"（包括交易所私募债和银行间"PPN"）呢？这类资产在交易所和银行间市场上市交易，但少有报价，只能通过某些估值技术来进行估值。从前有金融机构以"无连续交易，只能通过技术手段估值"为由，拒绝估值，而用摊余成本法对私募债券进行计量，现在看起来似乎执行难度很大。

回头看豁免条件（一），"所投金融资产以收取合同现金流量为目的并持有到期"，这其实要求了两点，第一是资管产品在投资金融产品的时候必须以收取合同现金流量为目的，第二是必须持有金融产品到期。第二条的执行自然很简单，限制产品只能买不能卖就好了；第一条则涉及产品的主观意愿，可试问谁不想要持有至到期并使用摊余成本法呢？

这似乎是一个能够突破限制，进行监管套利的点，即买入资产并持有到期，继续使用摊余成本法，规避市场波动带来的净值风险，把"金融资产坚持公允价值计量原则，鼓励使用市值计量"这一原则给完美绕过。

这么一来，只要不卖出，似乎货币基金、短期债券基金都能够使用摊余成本法，不需要受到公允价值法的限制了。

但是，不要忘了豁免使用公允价值法这两个条件的最终前提"封闭式产品"。一个封闭式产品，要使用摊余成本法的前提是对金融资产只能买不能卖，这就是间接要求"封闭式产品的到期日不得早于所持有资产的到期日"。换句话说，非标资产也好，标准资产也好，都可以使用摊余成本法并放到公募资管产品里，但是其前提都是"封闭式产品的到期日不得早于所持有资产的到期日"。

那么目前市场上使用摊余成本法的货币基金和短期债券基金，在《指导意见》实施后就不能再使用摊余成本法了，市场认为似乎找到了监管机构的漏洞，实际上可能正相反。

《关于进一步明确规范金融机构资产管理业务指导意见有关事项的通知》的出台则在过渡期内给予摊余成本法的额外适用范围："对于封闭期在半年以上的定期开放式资产管理产品，投资以收取合同现金流量为目的并持有到期的债券，可使用摊余成本计量，但定期开放式产品持有资产组合的久期不得长于封闭期的 1.5 倍；银行的现金管理类产品在严格监管的前提下，暂参照货币市场基金的'摊余成本＋影子定价'方法进行估值。"

另外一个表述则是关于非标资产的认定。

标准化债权类资产应当同时符合以下条件：

1. 等分化，可交易。

2. 信息披露充分。

3. 集中登记，独立托管。

4. 公允定价，流动性机制完善。

5. 在银行间市场、证券交易所市场等经国务院同意设立的交易市场交易。

标准化债权类资产的具体认定规则由中国人民银行会同金融监督管理部门另行制定。

标准化债权类资产之外的债权类资产均为非标准化债权类资产。

按照这一条的标准，债权类资产被分为标准化债权类资产和非标准化债权类资产，这与以前不太相同，如果按照银监会 1104 报表群 G06 报表中对债权类资产的分类，其至少被分为三类：货币市场工具，主要是金融机构之间的短期借款；标准化债权资产，主要是债券；以及非标准化债权资产。

如果从三类变成了两类，那么货币市场工具类就必然需要进入到剩余的非标资产和标准资产类别里，那么按照《指导意见》对于标准化债权资产的认定方式，协议存款、同业存款、拆借和回购等原来的货币市场工具就会被认定为非标资产，这显然会影响金融机构的配置方式。例如，公募基金是不能够投资非标资产的、银行理财投资非标资产有总量限制等，这显然并不合理。

我们认为后来的实施细则里，各个监管机构将会消除这个"Bug"，毕竟从任何角度上看，"货币市场工具"都属于被"错杀"的一类。

第四章 《指导意见》颁布后的银行理财产品

银行理财产品是一个迥异于其他资管产品的异类，与信托计划、基金产品这类基于信托法律关系而建立的资管产品相比，银行理财产品定位于"综合金融服务"，是一种"委托—代理"关系。

从法律关系上说，信托关系是一种独立的财产关系，与委托代理关系的差别泾渭分明。具体来看，信托关系与委托关系有以下不同：

（1）成立的条件不同。设立信托必须有确定的信托财产，委托人没有合法所有的、用于设立信托的财产，信托关系就无从确立。委托—代理关系则不一定以存在财产为前提，没有确定的财产，委托—代理关系也可以成立。

（2）财产的性质不同。信托关系中，信托财产是独立的，与委托人、受托人或者受益人的自有财产相区别。委托人、受托人或者收益人的债权人均不得对信托财产主张权利。但委托—代理关系中，即使委托代理的事项是让代理人进行财产管理或者处分，该财产仍属于委托人的自有财产，委托人的债权人仍可以对该财产主张权利。

（3）采取行动的名义不同。信托的受托人以自己的名义采取行动，代理人只能以委托人的名义采取行动。

（4）委托人的权限不同。信托的委托人、受益人通常只能要求受托人按照信托文件实施信托，受托人依据信托在文件管理、处分信托财产方面享有充分的自主权，委托人通常不得干预。委托—代理关系中，委托人可以随时向代理人发出指示，甚至改变主意，代理人应当服从。

从上述对比中可以发现，银行理财作为"委托—代理"关系（后被模糊化为"委托"关系），其财产本身不具备独立性，也未能独立于委托人的其他资产和负债。换句话说，银行理财产品作为一个归集工具，本质上是银行代客户进行投资，而不是银行为客户管理其财产。

为什么银行会舍近求远，选择一个在法理逻辑上更加不利的选项呢？这是因为，20世纪八九十年代银行业"疯狂"发展之后，银行资金开始进入证券投资领域，推高了资产泡沫和债务，中央不得不对银行业彼时的"疯狂"行为进行监管。于是1995年，《中华人民共和国商业银行法》出台，限制了银行业的投机行为，其中第四十三条便是银行未来在进行资产管理业务时选择"委托关系"而非"信托关系"的主要原因：

第四十三条　商业银行在中华人民共和国境内不得从事信托投资和证券经营业务，不得向非自用不动产投资或者向非银行金融机构和企业投资，但国家另有规定的除外。

这么做最直接的影响就是银行理财产品虽然能够归集资金，在金融统计时也被认定为是非银行金融机构，但在法律上始终没有法律主体地位，不能作为公司的股东和债权人，在诸多方面都有所掣肘。

银行理财产品从2004年起步，光大银行发行了第一只真正意义上自主研发、自主创新带有明显中国特色的人民币理财产品——阳光理财B计划。

为了配套理财业务的发展，中国银行业监督管理委员会于2005年发布了《商业银行个人理财业务管理暂行办法》和《商业银行个人理财业务风险管理指引》。银行理财业务被正式定义为"综合理财服务"，与信托计划、公募基金不同，而这个正式定义也导致银行理财产品在诸多方面因为没有占到法律主体地位而受到限制。

不过，通过银行强大的销售能力和资金池模式，银行理财产品还是从零开始飞速发展。自2008年起至2018年，正好十年，银行理财产品从跟跑公募基金到领跑资管行业，成为真正的巨无霸，如图4-1所示：

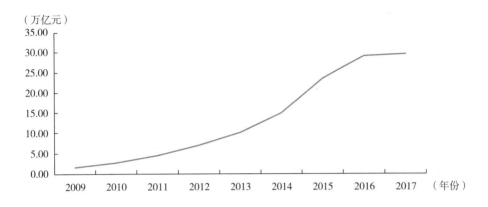

图 4 – 1 2009 ~ 2017 年银行理财产品规模余额

资料来源：Wind。

　　银行理财的出现有其历史使命，在很长一段时间里，银行理财都是金融市场对利率市场化改革停滞的一种被动反应，为了厘清《指导意见》对银行理财业务的影响，本章将从历史沿革出发，讲述银行理财的来龙去脉，并最终回答《指导意见》对银行理财业务的影响这一问题。

第一节　银行理财的历史使命

一、利率市场化的被动反应

　　从以美国为代表的西方国家发展经验来看，利率市场化的过程中必然伴随着金融脱媒。

　　利率市场化改革并不是一蹴而就的。为了稳定金融机构的负债成本，通常是贷款等资产利率先开始浮动，而存款利率依然受到限制。

但是，当银行依然受存贷款利率限制时，居民的存款资金就会从银行流出，银行赖以生存的存款负债遭受流失，尤其是在经济大发展、产生通胀的时候。

为应对这一状况，银行必须通过存款外的其他创新金融产品绕过存贷款利率的限制，以吸引资金，这就是银行所谓的"反脱媒"。以美国为例，1929 年经济大萧条以后美国出台了一系列管控银行的法案，其中涉及存款利率控制的正是 Q 条例。20 世纪七八十年代，经历了"黄金十年"后，美国通货膨胀严重，市场利率大幅高于 Q 条例上限，资金大量从银行流向以货币市场基金为代表的金融机构，为了吸收资金，美国银行业开发出了诸如大额可转让定期存单（CDs）、可转让支付账户（NOW）、货币市场存款账户（MMDA）等创新金融产品，这些产品绕过 Q 条例限制，支付接近市场利率的收益，受到投资者的青睐，银行得以抵抗金融脱媒的浪潮。

从某种程度上来说，这些产品与中国当前的一些投资于货币市场和债券市场的理财产品有异曲同工之妙，若没有这些产品的出现，美国的银行在金融体系的地位可能没有像现在这么稳固。这些类银行理财的金融产品起到了"反媒介"的作用。

同样地，我国的利率市场化进程也是以放开资产的利率开始的，在经历了十多年的改革之后，我国才开始缓慢打开负债的利率限制。2018 年 4 月，人民银行行长易纲在博鳌论坛上表示："要加快金融改革进程"后，利率市场化改革才开始加速。

与有利率上限的存款相比，我国银行理财和美国银行的那些创新产品一样，绕过了存款利率的限制，人民币理财产品从它诞生的那刻起，其收益率比存款利率就更接近于市场真实利率。但是，和美国银行业那些"前辈"相比，我国的银行理财更进一步的是：绝大部分银行理财的运作都在表外进行。

商业银行作为金融市场上最大的一个参与者，其存在的目的是融通资金的需求与供给，为资金需求方提供投资所需资本，为资金供给方提供增值渠道。但由于银行存款利率尚未完全放开，存贷款利率受到限制，资金需求方不能以支付更高的利率来获取更多的资金，银行也不能以支付更多的存款利息回报来揽储，因此居民、银行和企业都无法做出最优选择。理财产品的出现，绕开了存贷款利率的限制，以远高于存款利率的收益吸引了大量资金，投入到能够支付这一高收益率的领域，减小了利率市场化造成的"金融脱媒"效应，实现了"反脱媒"。

银行理财正是在这样的环境里诞生的，它是金融机构对利率市场化不平衡的被动反应，也由此受到了市场的追捧，并引来其他资管产品的学习。

在《商业银行理财业务监督管理办法》出台之前，对于银行理财业务而言，最为重要的监管条文为2006年发布的《商业银行个人理财业务管理暂行办法》。由于金融业务创新能力极强，在各国都会形成"业务推动监管"的趋势，在中国也不例外，在银行理财产品已被主流大行和股份制银行接受之后，监管机构开始为其定性。

后来针对非标资产的《关于规范商业银行理财业务投资运作有关问题的通知》也是"业务推动监管"的产品。

在《商业银行个人理财业务管理暂行办法》（以下简称《商业银行法》）中，银行理财产品首次被定义为一种"综合理财服务"，这固然是在《商业银行法》下的妥协，但也给银行理财未来的发展留下了不少印记。

同样地，《商业银行法》区分了保证收益型和非保本型理财产品，也在官方层面认可了"保本型资管产品"的业务模式，保本型理财产品需要按照《企业会计准则》的相关要求，与商业银行本体合并报表，并且客户投资资金被认定为是存款。

《商业银行法》作为银行理财产品的第一部监管文件，对银行理财业务的很多解释、划分及监管深刻影响了银行理财业务的发展，而由于银行理财又是资管行业的核心，这部文件也就影响了整个资管行业，某些条款造成的多重嵌套或影子银行，也亟待《商业银行理财业务监督管理办法》来解决。

二、资管业务的起点和核心

与其他资管产品相比,银行理财有着显著的两大差别:一是由于银行理财被定性为"综合理财服务",与客户建立的是委托—代理关系,无法形成法律主体,因此不能直接投资企业股权和债权。在 2012~2013 年债市"打黑"风暴之前,银行理财一直都是借用丙类户,如"某银行股份有限公司理财专户"进入银行间市场、借用信托计划买入非上市公司股权和非标准化债权资产、借用资管计划进入交易所市场;二是银行理财因为有"银行存款"的关系,被监管机构特许发行"保证收益型"理财产品,这几乎可以被认定为是唯一一种被官方认可的"保本型资管产品"。这种"保证收益型"理财产品与后来在券商创新大会上脱颖而出的"券商收益凭证"相比,虽然都是由发行机构对投资人的资金进行担保,但两者依然有显著不同。

"券商收益凭证"本质上是证券公司向投资人借款,是一种快速发行的类债券资产,资金归集之后会混合在证券公司自营账户里统一进行投资,要么自营投资股票、债券,要么为融资融券业务提供资金或者直接补充流动资金。

"保本型理财产品"则是利用理财产品这一特殊目的载体 SPV 进行投资,所有资金和资产都归集在 SPV 身上,商业银行本体再按照《企业会计准则》和银行的相关并表要求,对 SPV 进行并表。但根据相关规定,尤其是《关于完善银行理财业务组织管理体系有关事项的通知》,"代客理财资金不得用于自营业务",银行虽然可以把保本理财的资金、资产纳入银行表内,但保本理财的流动性却并不能被自身利用。

这也与之后的 CPPI 策略保本型/避险策略基金异曲同工,只不过后者在很长一段时间里主要依靠的是担保公司的担保,而保本理财依靠的则是银行的担保。

因为银行理财有了这样的差别,才能够形成独特的中国资产管理行业文化,资管行业才能在利率市场化进程不够完善的基础上建立全球第二大资产管理市场。

1. 保本型理财产品

对于提供预期收益率和固定期限的银行理财而言，其最为重要的历史使命便是在利率市场化改革的中期，当资产利率自由浮动而存款利率有限浮动或锁死时提供市场化利率，保本型理财产品作为官方认定的能够计入存款的资管产品，自然成了利率市场化进程中存款的最优替代品。

虽然都是使用资金池的管理模式，一样提供预期收益率和固定期限，非保本银行理财和保本型银行理财一样有着较大的差别。两者虽然都借用了银行的信用，获得了更多投资者的信赖以及与其他资金池类资管产品相比的溢价，但保本型理财从官方层面上就被认定为是存款。

如果一个产品按照产品进行运作，按照产品进行估值，但被认定为存款，这代表着什么？至少从银行的角度出发，这些产品可能投资了垃圾债券或股票等高风险资产，但由于存在银行的担保，仍可以算作是低风险或是极低风险的资产，商业银行可以把客户购买的本行保本型理财产品视同客户存入本行的存款，就可以为客户办理保本型理财产品质押贷款等业务。

在资管产品可以作为质押资产被监管机构禁止之前，在资产管理行业曾有一条清晰的套利链条：企业发债募集资金，将钱全部买成保本理财产品，随后将保本理财产品份额质押给银行，开立银行承兑汇票并在本行贴票获得现金；银行理财获得现金之后，购买该企业发行的债券。

在《指导意见》发布之后，保本型理财产品极有可能被"扫出历史舞台"，市场普遍预计，结构性存款将会替代银行保本理财。

2. 资金池模式的非保本理财

由于保本型理财产品的实际受益人为银行，名义投资人仅是银行的债权人，因此保本理财使用资金池模式是一件合理合规的事情。但非保本理财使用资金池模式就不是同一回事了。

由于非保本型理财产品的实际受益人就是名义投资人，因此对于银行理财而言，预期收益和期限错配就成了两个不可调和的概念，即如果非保本型理财产品能够提供预期收益，表示其所投资的资产合同现金流确定，那么就只应该承担信用风险且所购资产能够持有至到期，那么就必须期限匹配；而如果非保本型理财产品采取期限错配的方式，那么其所持有的金融资产就无法持有至到期，也就是说，这些资产必然要卖掉、抵押掉或随时准备进行交易，那显然是需要采取公允价值法对所持有的资产进行计量的，既然使用公允价值法，那显然也就不存在预期收益率这个要素。

在资管行业里规模占比最大的资金池模式的非保本型理财产品同样也是《指导意见》的重要监管对象，甚至可以说是最大的监管对象。

3. 理财产品投资非标资产

由于银行理财是一个"综合理财服务"而非主体，其不能直接成为企业或个人的股东或债权人，仅能够投资金融资产，如标准化的股票、债券、资产证券化等。若银行理财要选择投资企业股权或非标准化债权资产，银行理财就必须要选择进行多重嵌套。多重嵌套的方式通常是利用证券公司资管计划或信托公司信托计划，由它们作为被投资企业的债权人或股权人，而银行理财则是资管计划或信托计划的投资人。

这么做一方面从原理上说有些"迫不得已"，因为毕竟对于银行理财产品而言，如果想要进入股票市场或投资非标资产，银行理财产品借用其他资管产品的通道才能够进行投资；但另一方面，多重嵌套的更大目标在于"绕过监管规定"，根据《中华人民共和国证券法》的相关规定，私募产品有着严格的限定，而资管产品、信托计划也都有着相应的私募产品管理规定，包括总人数限制、投资门槛限制、个人投资者人数限制等，这都制约着私募资管产品的募资能力。

资管行业对其的解决办法就是"公募嵌套私募"，即公募的银行理财产品募集民众资金之后，投资给私募的信托计划、资管计划，获得私募产品的预期收益。

第二节 银行理财的现状

一、扭亏及亏损权责划分问题

从结构上看，接近 30 万亿元规模的银行理财产品中，资金池产品超过 80% 约 25 万亿元，这些资金池产品都存在着相似的问题，这些问题也成了银行理财转型最大的制约。

2014~2016 年，债市迎来了持续最长、利润最丰厚的"牛市"，随着同业套利的迅速转动，中国债市迎来"资产荒"，收益率被极速压缩，不少市场人士都喊出了"长期零利率"的预测。

在这一轮"牛市"里，由于银行理财存在着"刚性兑付"和固定的预期收益率，资金成本较高，因此导致银行理财购买了较多长久期和低评级资产，以维持较高的利差和管理费收入。

这一行为在 2016 年底至 2018 年中"信用债的熊市"里受到了惩罚，随着监管政策的逐步趋严、金融"去杠杆"政策的不断深化以及信用风险的爆发，长久期、低评级债券净值损失严重，又恰逢银行理财产品必须在过渡期内转变为公允价值法下的净值型产品，一系列动作后亏损即将浮出水面。

传统的资金池银行理财产品，由于采用摊余成本法或者不公布净值，使银行理财能够靠后续客户购买的资金来实现对退出客户资金的"刚性兑付"，这个体系在不发生系统性风险的时候一直运转良好，但在监管主动刺破泡沫之后，损失由谁来承担就成了一个值得讨论的问题。

资管产品讲究的是"卖者有责，买者自负"，所以按道理说，只要卖者按照尽职管理的原则进行管理，那么所有的损失就应该由买者来负责。但买者和买者是不同的，退出的客户已经取得本金和收益后退出，后进的客户账面即将出现净值的损失。可损失是在之前的客户身上就发生的，但追溯之前的客户并不现实，让后进客户承担却于法说不通，更可能造成严重的"逆向选择"后果，即后进客户都知道在某一个点上银行理财将会转变为净值型，客户会承担损失，就会在某个点之前集体"出逃"，引发流动性风险。但若由管理机构承担损失则不符合《指导意见》第十九条关于"刚性兑付"的要求。

二、不良资产处置问题

在资金池时期，银行理财作为银行本体的表外延伸，会为了协助银行，自身持有一些不符合投资者利益，甚至超过投资者投资范围的资产，而其中最主要的便是银行表内的不良资产和银行发行的资本工具。

由于资本工具仍能通过市场化方式被消化，如二级资本债虽然流动性不佳，但仍可以通过银行间市场或证券交易所等标准化市场出售，但不良资产的流动性几近于零且直接出售给市场将会使资管产品和投资人承受巨大的损失，这显然违背"卖方尽职"的原则，这些资产的持有目的本不是为投资人创造利润，而是为银行调节指标。

对于不良资产而言，由于银行不可能将不良资产造成的损失转嫁给投资人（不符合卖方尽职的原则，这类损失属于银行操作风险，理应由银行承担），其处理方式仅有两种：①由银行直接购回。②直接向市场出售，损失由管理机构承担。

第二种方式虽然合情合理，但在实际操作中并不简单，理财产品通常会交叉持有坏账，例如 A 银行的理财持有 B 银行的坏账，而 B 银行的理财持有 A 银行的坏账，其所有权虽然转移给了理财产品或理财产品控制的特殊目的载体，但其管理权限还是在坏账发生的银行，如果直接由 B 银行理财出售 A 银行的坏账，造成的损失则难以估量，也极易滋生"道德风险"。

更加简单易行的是由坏账发生银行直接购回，但这种模式实际上是由银行或银行委托第三方机构对资管产品进行"刚性兑付"，同样会违反《指导意见》第十九条对于"刚性兑付"的相关监管规定，需要监管机构对此类行为进行"特赦"。

更为重要的是，不论是以操作风险的名义承担坏账，还是以银行回表的方式承担损失，都需要与"刚性兑付"区分开来，银行理财在投资过程中也会产生坏账，特别是2018年以来信用风险事件频发，银行理财所出现的这些坏账显然应该由投资者来承担，若银行自己承担就成了"刚性兑付"。

三、期限匹配产品仍有发展空间

银行理财产品也会发行期限匹配且投资非标资产或权益资产的理财产品，其具体结构为银行理财投资信托计划或私募资管计划，由信托计划或资管计划投资非标资产或权益资产，在资产到期之前，产品不会到期，也不会开放客户申购赎回。

在《指导意见》的新监管模式下，期限匹配类的理财产品依然有着很大的发展空间，这主要是因为在新的监管模式下，期限匹配类的理财产品依然可以使用摊余成本法对产品净值进行估计。也就是说，在不发生信用风险的情况下，期限匹配类的理财产品可以提供可以测量的预期收益率，而非不能测量的业绩比较基准。

公募银行理财投资非上市公司股权、非标资产的阻碍不止期限不能错配这一条，《指导意见》要求："公募产品主要投资于标准化资产"，对"主要"二字的理解决定了公募银行理财投资非上市公司股权、非标资产这一业务的走势，若要求所有的公募产品都必须"主要投资于"标准化资产，那么非标和非上市公司股权等资产将被排除在公募理财产品的投资范围之外；若要求公募产品"主要投资于"标准化资产，但不对单个公募产品的投资比例设置限制，那么公募银行理财就可以投资非上市公司股权和非标资产。事实上，《关于进一步明确规范金融机构资产管理业务指导意见有关事项的通知》已经将这一条略作放松，规定公募产品可以"适当"投资非标准化债权资产。

另外，关于资管产品需要向上穿透到最终投资人的监管要求也会影响到公募银行理财投资私募资管产品这一业务，由于相关监管政策规定，只有私募信托计划和资管计划才能投资非标资产和非上市公司股权，而向上穿透之后，公募银行理财的购买人大多不符合私募产品的投资门槛，这是否导致公募银行理财无法再通过信托计划和资管计划投资非标资产和非上市公司股权，还需要各个监管部门相关细则进一步认定。这也使存量银行理财面临着巨大的转型压力：目前，近30万亿元的银行理财里，有20万亿元以上为公募产品，估算至少投资了4万亿元非标资产和非上市公司股权、上市公司股票等资产，这些资产都面临着"向上穿透到最终投资人"监管规定的限制，产生转型压力。

四、净值型产品缺乏根基

银行理财产品对净值型产品并不"熟悉"，银行理财产品自2004年诞生至今，按照公允价值法进行计量的净值型产品未能形成较大规模，其主要原因仍然是客户的不认可。

净值型产品的出现比资金池类银行理财更早，公募基金行业发行的均是公允价值法下的净值型产品（货币基金除外），但公募基金规模增速缓慢，若不考虑金融机构购买，仅考虑个人、企业客户，公募基金的发展速度远低于银行理财。

正如前文提到的，银行理财产品是利率市场化进程之中存款的良好替代品，投资者不需要知道银行理财产品投资的是什么资产，也无须关注市场，就可以按时获得收益，客户接受程度非常高。银行理财产品既有着银行出色的渠道，同时又有着易懂的交易结构，自然发展迅猛。

而面向非同业机构发行的净值型产品，则主要集中在权益类和货币基金类产品，考虑到货币基金类产品使用的是摊余成本法下的净值型，不算是公允价值法下的净值型产品，实际上购买净值型产品的个人及企业客户的主要目的是通过购买净值型产品承担较高风险，获得更高收益。

这些客户与银行理财的主流客户并不统一，银行理财在从资金池产品转变为净值型产品时，其原有的客户基础可能并不是净值型产品的目标客户。

第三节 银行理财的业务与客户结构分析

按照银保监会对银行理财的相关管理规定，银行理财的发行、成立、投资与到期兑付都需要在中国银行业理财登记托管中心开发的系统上进行记录，因此由中国银行业理财登记托管中心发布的《中国银行业理财市场报告》是银行理财行业最为权威的报告。

该报告每半年公布一次，截至本节完成前，最新一期为 2017 年《中国银行业理财市场报告》，该报告囊括了银行理财的业务与客户结构等重要信息。

根据银保监会的相关定义，银行理财根据保本与否可被分为保证收益型理财产品（银行保证客户的本金及收益，产品与存款完全替代）、保本浮动收益型产品（银行保证客户的本金，但不保证收益，产品与结构性存款类似）、非保本浮动收益型产品（银行既不保证本金，也不保证收益，该模式下银行对资管产品仅有管理责任，不需要对其进行并表处理），其中前两种被称为保本型产品，后一种由于无须并表，也被称为表外理财产品。

截至 2017 年底，非保本型理财产品规模与保本型理财产品规模之比约为 3:1，非保本型理财产品规模达到了 22 万亿元，保本型理财产品的规模为 7.3 万亿元且保本型理财产品的规模仍在不断收缩之中。

在《指导意见》之后，保本型理财产品由于其与银行并表、视同银行存款管理的特点，已不属于资管产品。从目前的情况来看，银行逐渐压缩公募保本理财产品的规模，目前的保本型理财产品主要提供给银行重要的私人客户、企业机构或同业金融机构客户，保本型理财产品为银行让利产品。

由于银行理财主要采用资金池模式，不管是私人银行客户还是普通客户，其资金大多都是混同运用的。因此，我们可以从银行理财作为一个整体的角度出发，探寻银行理财的投资模式，如图 4 - 2 所示：

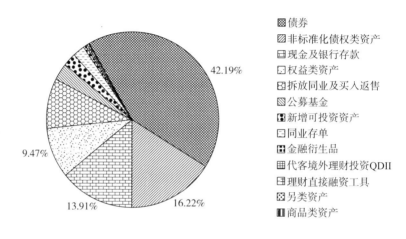

图 4 - 2　银行理财的资产配置

资料来源：《中国银行业理财市场报告（2017 年）》。

固定收益类资产（债券、非标资产、现金及存款以及同业存单等）占据银行理财投资的绝大部分，少量投资于权益、衍生品和其他高波动资产。

另外，从银行理财的客户来源上分，银行理财被分为个人类理财产品、机构专属类理财产品和金融同业类理财产品。其中，个人类募集金额占全部理财产品募集金额的 63.62%。2017 年发行产品数比 2016 年增长 27.51%，募集资金额比 2016 年增长 3.36%。

从资金端的角度出发，我们普遍认为个人、公募的资金相对稳定，而私募、企业或同业的资金受到周期的影响较大，从这个角度来看，银行理财的资金结构还算相对较好。不同投资者类型银行理财产品的发行与存续情况如表 4 - 1 所示：

表4-1 不同投资者类型银行理财产品的发行与存续情况

单位：万亿元

产品类型	全年总募集金额	全年总募集金额占比	年末存续余额	年末存续余额占比
个人类	110.44	63.62%	19.79	66.99%
机构专属类	49.23	28.36%	6.50	22.01%
金融同业类	13.92	8.02%	3.25	11.00%
合计	173.59	100.00%	29.54	100.00%

资料来源：《中国银行业理财市场报告（2017年）》。

第四节 《指导意见》对银行理财的影响推演

一、长期投资者转变为短期投资者

采用资金池模式运作的银行理财产品通常都有更加注重静态收益率的投资倾向，这主要是因为资金池模式下，银行理财产品对客户有预期收益率的承诺，可以认为是银行理财产品以固定收益率向客户借入资金进行投资。

另外，银行理财产品由于无须向客户报告按公允价值法进行估计的净值，在流动性许可的情况下可以使用滚动发行和期限错配的方式持有这些固定收益类资产至其到期，因此在估值层面上可以使用"摊余成本法"对金融资产进行估值。事实上，在《指导意见》颁布之前，银行理财并没有严格按照《企业会计准则》的相关要求进行会计记录和核算。因此，在《指导意见》颁布之前，银行理财重收益率不重市场波动的特点使其投资策略集中在长期资产上。

长期资产因其特点，也更容易受到市场利率波动的影响，当银行理财从不公布净值，或公布摊余成本法净值的资金池模式转变为公布公允价值法净值的净值型模式时，银行理财产品的投资策略就不得不发生改变。由于长期资产的波动较大，而短期资产的波动较小，在已经持有的资产期限普遍过长的条件下，银行理财在《指导意见》的影响下必然会走向久期越来越小、期限越来越短的道路。

除了保险和社保、养老金、企业年金之外，银行理财产品是重要的长期资产投资者，随着银行理财的管理走向基金化，其投资策略势必出现"矫枉过正"的现象，长期债券的资金青睐度可能降低，期限利差则有可能被拉大。

另外，由于监管机构允许现金管理类产品、封闭期超过半年且资产综合久期低于封闭期 1.5 倍的产品以及所有资产持有至到期的产品使用摊余成本法，这些产品以持有至到期作为目的，净值通常都比较稳定是银行理财传统客户偏好的资产类型。

银行理财的客户对产品流动性极为看重，1~3 个月的理财产品的资金募集能力会远强于 1 年以上产品的资金募集能力，为了稳住客户和资产管理规模，商业银行肯定会偏向重点发展、流动性极佳的现金管理类产品和期限在 1 年以内、综合久期在 1.5 以下的摊余成本产品，或是以价换量，用高收益吸引长期资金去投资非标资产。

但总体来看，由于新的银行理财产品将重点投向久期在 1.5 以下，综合期限甚至不超过 1 年的债券资产和期限不超过 3 年的非标资产，投资倾向已经从长端、获得高收益变为短端、获得高流动性，长期资产将失去重要的投资者。

二、中小银行可能退出资管业务

资产管理业务虽然有着"ROE 高""占用较少资本"等优点，一直以来都是商业银行试图进入并大展手脚的业务板块，如全能银行摩根大通，其四大业务板块中 ROE 最高且最为稳定的便是资产管理业务。

2009 年开始的银行理财业务爆发中，不少中小银行也是因为"节约资本""提高 ROE"的想法加入到资管行业之中。但是，管理资金池和管理净值型基金毕竟不是同一件事情，从某个角度上说，两者是南辕北辙的事情。资金池产品的管理方式更像是商业银行的管理模式，但省略了商业银行最为重要的资本管理；而净值型基金的管理方式则更轻，需要更多人力资本的投入。

仅从基础设施、IT系统的建设角度上看，资金池与净值型基金所需要的系统并非同一套，资金池模式的系统更关注流动性管理，而净值型基金的系统则更关注市场的波动。

中小银行与大型银行相比则更加薄弱，不少发行了资金池类理财产品的银行，其系统甚至不支持净值型产品的开发和设计。若想符合《指导意见》进入资产管理行业时，则必须花重金更新系统。

更大的改变来自于组织结构上的改变，与传统银行理财产品依托银行的声誉和分销渠道进行发展不同，资产管理业务更注重人力资本而非硬件设施的投入，其在风险管理和薪酬制度上的要求很可能超出传统商业银行组织结构的接受范围，要想进入这个市场，商业银行必须从头到脚地改变自己，这成本对于中小银行而言，可能是过大的。

因此，从这个角度上看，随着《指导意见》的不断推进，不少中小银行会放弃这个门槛越来越高的资产管理市场，资管市场虽然诱人，但咬一口对部分中小银行而言成本太大，放弃并转为代销才是更好的选择。

三、资管行业将快速分化

为什么银行理财会一直抱着资金池模式不放，最主要的原因是银行对资金池模式而言非常熟悉，而客户又对资金池模式十分信任。当一个产品本身对市场的吸引力和对参与者的吸引力过大，并占领了统治地位之后，这个市场就会失去自我创新的动力。

例如，净值型产品和投资权益、衍生品等的高风险产品一直未能在市场上发展，并非市场没有这方面的需求，而是市场对资金池这类固定期限、提供预期收益的产品的需求太强，掩盖了对其他产品的需求，才让细分市场迟迟无法发展。当《指导意见》规范资金池模式之后，资管行业的细分市场就会逐渐显现出来。

此外，随着资金池模式的消失，商业银行要想在资管行业里继续占据龙头的地位，就必然会对产品进行创新，以占领各类细分市场。从这个角度上说，《指导意见》虽然提高了资管行业的门槛，但也会提高资管行业的竞争度和创新能力。

第五章 《指导意见》颁布后的 信托计划与资管计划

　　信托制度最早起源于英国，19 世纪进入美国后，逐步完成了个人受托向法人受托的过渡、民事信托向金融信托的转移，从一种单纯的民事关系逐步演化产生现代信托制度。信托既是一种制度安排，又是一个行业的代名词。中国的信托业则具有其特殊的历史背景，2001 年以《信托法》《信托投资公司管理办法》和《信托投资公司资金信托业务管理暂行办法》的颁布实施为标志，中国信托业开始步入规范运行的轨道，尤其是经历 2006 年的行业整肃后，信托业迎来了健康发展，而大资管时代的来临则进一步加速了信托业的发展脚步。当前我国信托公司从事的本职业务为资管的营业信托，民事信托、公益信托业务在缓慢发展过程中。根据信托业协会官网数据，截至 2017 年末，全国 68 家信托公司管理的信托资产规模突破 26 万亿元。

　　但是，如果谈及中国资产管理业自 2012 年以来的蓬勃发展，证监会体系下各类金融机构发行的资管计划则在信托计划的基础上，为这幅画卷进一步画下浓重的一笔。此前，在证监会体系下，广义的资产管理业务主要指公募基金管理业务，而狭义的、带有私募性质的资产管理业务主要包括了证券公司资产管理业务、基金专户资产管理业务以及私募基金和期货资产管理业务，后者 2012 年以前在资产管理行业中只是小众的参与者，规模不及公募基金的 1/10。但 2012 年以来，随着《证券公司客户资产管理业务管理办法》以及配套细则，《基金管理公司特定客户资产管理业务试点办法》《期货公司资产管理业务试点办法》与随后的《私募投资基金监督管理暂行办法》逐步实施，资管计划成为中国资产管理业中的主要参与者之一。截至 2017 年末，基金管理公司及其子公司专户业务规模达 13.74 万亿元，证券公司资产管理业务规模达 16.88 万亿元，期货公司资产管理业务规模约为 2458 亿元，私募基金管理机构资产管理规模达 11.10 万亿元，数量上甚至超过了公募基金的 11.60 万亿元。

2012 年以来监管放松以及货币宽松的大环境，银行、券商、信托、基金、期货等各类金融机构开展了一系列创新业务。眼花缭乱的产品，以及日新月异的交易结构是这一段"大资管时代"最鲜明的特征。与 2012 年以前的金融市场相比，银行业和信托业从未深度地参与到证监会体系的资本市场中去，资管业务的发展真正实现了银行业与证券业两个市场的联通，产品彼此之间的嵌套扩大了投资范围，使资金的配置多元化，但也增加了市场间的传染风险，这也是《指导意见》为何需要对各个参与主体实施平等准入避免监管套利的原因。

本章将在分析信托计划/资管计划的历史使命基础上，讨论《指导意见》的影响与子行业的未来。

第一节　信托计划和资管计划的历史使命

一、绕不开的影子银行

如果谈及近十年来我国在间接融资方面的金融体系变化，最显著的就是影子银行的发展。影子银行的出现和发展使社会融资增速，弥补了传统的 M2 指标度量融资的不足，成为货币政策制定过程中的参考指标。说到影子银行，可以先对信托计划和资管计划做一个最直观的分类，即通道业务和主动管理，如表 5-1 所示：

表5-1 主动管理与通道业务

业务分类	委托人资金来源	项目来源方以及尽调责任人	管理人职责	产品类型	收费水平
通道业务	以银行理财和表内资金为主，其他金融机构资金为辅	委托人	合规性判断、账务管理、清算等事务管理工作	信托：以事务管理类单一资金信托为主，也有部分集合事务管理信托和事务管理类的财产权信托；资管计划：以定向/一对一为主	较低，一般为固定收费
主动管理	各类资金均有	管理人	①项目承揽、尽调、筛选和主动监督管理项目运作；②合规性判断、账户管理、清算等工作	信托：均有，以集合信托为主资管计划：均有，集合/一对多产品为主	较高，部分产品采用了固定加浮动收费

自2006年银监会发布《商业银行个人理财业务管理暂行办法》，准许银行经营委托理财业务后，由于银行理财缺乏主体地位，银行理财直接通过信托进行信托贷款是最为直接的业务模式。尤其是全球金融危机以来，由于"四万亿元"投资以及相应的配套信贷的推动，理财资金绕道信托直接投向地产以及融资平台是普遍操作方法。

2010~2012年，银监会监管逐步加码，通过限制融资类信托业务余额，以及约束银行与信托净资本等方式约束"银信合作"，并且直接禁止了理财资金通过信托投向银行承兑汇票（简称"票据信托"）的业务模式。具体如表5-2所示：

表5-2 监管文件及具体条款

时间	监管文件名	具体条款
2010年8月	《关于规范银信理财合作业务有关事项的通知》（银监发〔2010〕72号）	银信理财合作业务中融资类业务余额占比不得高于30%；银行应将表外资产在2011年前转入表内，并按150%拨备覆盖率计提拨备，同时大型银行按11.5%、中小银行按10%的资本充足率计提资本
2010年12月	《关于进一步规范银行业金融机构信贷资产转让业务的通知》（银监发〔2010〕102号）	信贷资产转让双方不得采取签订回购协议、即期买断加远期回购等方式规避监管；银行业金融机构不得使用理财资金直接购买信贷资产
2011年1月	《关于进一步规范银信理财合作业务的通知》（银监发〔2011〕7号）	对银行未转入表内的银信合作信托贷款，各信托公司应按照10.5%的比例计提风险资本
2011年5月	《关于规范银信理财合作业务转表范围及方式的通知》（银监办发〔2011〕148号）	压缩余额指银信理财合作业务融资类中贷款、受让信贷和票据资产的余额；不符合入表标准的部分，可将相关产品单独列示台账，并相应计提拨备和计入加权风险资产

资料来源：中国银保监会。

  各种各样的约束使信托公司从事通道业务（近年来重定义为"事务管理类信托"）成本攀升，为降低成本，银行开始寻求证券公司等作为合作伙伴。尤其在银信票据业务被叫停后，证券公司开始逐步涉足票据通道业务。始于北京某证券公司的票据通道业务，2012年券商资产管理业务的"一法两则"出台前规模已经达到千亿元。

  2012年10月，证监会发布了券商资产管理业务的"一法两则"（即《证券公司客户资产管理业务管理办法》《证券公司集合资产管理业务实施细则》《证券公司定向资产管理业务实施细则》）公募基金《基金管理公司特定客户资产管理业务试点办法》，证监会鼓励券商和基金公司创新，扩大券商资管和基金子公司的投资范围，未对券商定向资管计划、基金子公司一对一资管计划投向做明确规定，同时券商资管和基金子公司在业务初期并未受到净资本约束，这使通道业务开始作为证券公司/基金子公司资管业务的主要收入来源。证券公司/基金子公司通道业务大规模发展，银行通过票据、委贷、信托贷款、各类资产收益权，甚至假股真债等形式向企业投放资金。当然，也有例外，期货公司的资管计划虽然在《期货公司资产管理业务管理规则（试行）》出台后得到了一些发展，但是由于不可直接配置非标资产，并且没有大量从事通道业务的空间，本章也不作重点讨论。

上一章也提到，《关于规范商业银行理财业务投资运作有关问题的通知》（银监发〔2013〕8号）首次提出了非标准化债权资产以及做出相应的限制，对火爆的银行理财作为影子银行的套利方式进行了一定程度的降温。但后续影子银行逐步从银行理财过渡到了银行的自有资金抑或是同业资金。商业银行的自营资金通过资管以及信托渠道，投向实体企业，形成的买入"返售金融资产"以及"应收款项类投资"，成功绕开了银监会对存贷比的约束、人民银行对合意贷款的约束，成为各大城市商行以及股份制银行2013~2014年增长最为庞大的科目，并且大量业务还附带了融资人的授信银行或者金融机构的隐性兜底协议甚至将风险权重降低为20%~25%。这一现象直到2013年爆发钱荒，以及随后的《关于规范金融机构同业业务的通知》（银监发〔2014〕127号）出台，规范金融机构同业业务并禁止三方买入返售才戛然而止。期间银行通过资管计划/信托计划对各类非标准化债权资产进行包装，实现了跨地域资金融通和投放，取得了远超无风险收益的利差水平，也与监管机构对经营机构要求的属地经营的基本原则相悖。

然而，由于银行理财的主体地位缺乏这一问题并没有解决，最终银行理财仍然需要通道机构发行的资管计划/信托计划才能实现非标准化债权资产的投放。表内的自营资金在存贷比的限制下，仍然有不断的绕规模需求，所以资管计划/信托计划和信托计划的通道业务规模仍然在不断增长。直到2017年《指导意见》征求意见稿与监管机构不断地窗口指导，以及《中国银监会关于规范银信类业务的通知》（银监发〔2017〕55号）出台，这一趋势才得以改变。如图5-1、图5-2和表5-3所示：

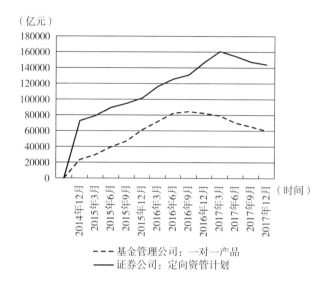

（亿元）

图 5 - 1 证券/基金一对一资管计划历年规模

资料来源：Wind。

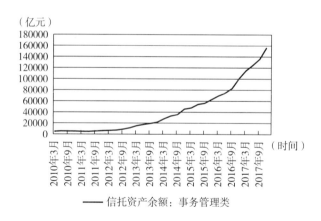

（亿元）

图 5 - 2 事务管理类信托历年规模

资料来源：Wind。

可以说，资管计划和信托计划自《指导意见》发布之日起，已经基本告别了影子银行的舞台。

表 5 - 3   2013 ~ 2017 年通道业务主要监管文件

时间	文号	发布机构	监管文件名	核心条款
2013 年 7 月	中证协发〔2013〕124 号	证券业协会	《关于规范证券公司与银行合作开展定向资产管理业务有关事项的通知》	1. 证券公司开展银证合作定向业务，应当建立合作银行遴选机制。合作银行应当至少符合最近一年末资产规模不低于 300 亿元，并且资本充足率不低于 10% 等条件 2. 定向合同中应明确：合同期限届满、提前终止或合作银行提取委托资产时，证券公司有权以委托资产现状方式向委托人返还；委托人应当承诺对证券公司根据投资指令从事的投资行为承担完全后果，自行承担投资风险，并处理相关纠纷
2014 年 2 月	中证协发〔2014〕33 号	证券业协会	《关于进一步规范证券公司资产管理业务有关事项的补充通知》	证券公司与合作银行签订银证合作定向合同的，合作银行最近一年末资产规模不低于 500 亿元
2016 年 11 月	证监会公告〔2016〕30 号	证监会	《基金管理公司特定客户资产管理子公司风险控制指标管理暂行规定》	强化净资本管理，对净资本和各项风险准备之和要求：①净资本不得低于 1 亿元人民币；②净资本不得低于各项风险资本准备之和的 100%
2017 年 12 月 12 日	银监发〔2017〕55 号	银监会	《中国银监会关于规范银信类业务的通知》	1. 银行：将商业银行实际承担信用风险的业务纳入统一授信管理并落实授信集中度监管要求，按照穿透管理要求，根据基础资产的风险状况进行风险分类，并结合基础资产的性质，准确计提资本和拨备；应还原其业务实质，不得规避监管、虚假出表 2. 信托：在银信类业务中，应履行勤勉尽责的受托责任，加强尽职调查，确保信托目的合法合规，不得接受委托方银行直接或间接提供的担保，不得与委托方银行签订抽屉协议，不得为委托方银行规避监管规定或为第三方机构违法违规提供通道服务

二、资本市场金融资产的供给者

前文所述影子银行业务主要指商业银行作为委托人设立资金信托/一对一资管计划/财产权信托，信托公司/证券公司/基金子公司仅作为通道，信托/资管资金或资产的管理、运用和处分均由委托人决定，风险管理责任和因管理不当导致的风险损失全部由委托人承担的行为。然而，银行的资金投放需求不止在信贷市场，围绕资本市场开展的诸多业务也离不开银行资金的参与与推动，而且受到"8号文"的监管限制，银行理财本身就存在多元化配置标准资产的需求，尤其是2014年以来，经济下行压力较大，央行降准和公开市场操作使流动性充裕，但实体经济投资回报率较低，金融机构放贷给实体企业的信用风险高，并且信贷利率处于低位，金融机构无法得到足够的溢价补偿，因此全市场陷入了一种"资金荒"的环境中。不断增加资本市场的投入，尤其是投资有明确固定收益的资产类型成为商业银行的共识。其中结构化产品、股票质押以及跨周期报价型产品是三大配置方向。

1. 结构化产品

银行理财资金的"刚性兑付"性质决定了银行理财的配置仍然是"利差思维"，需要配置有明确固定收益的资产。所以在银行资金（以理财资金为主）参与资本市场的发展运作过程中，信托公司/证券公司/基金专户、基金子公司和期货公司又通过将产品份额进行结构化/分级形式，承担了金融资产的供给者角色。或者可以说，部分银行理财资金进入资本市场，天生就是带有杠杆的，无论资管的产品投向股票市场，还是债券市场，银行资金都希望通过结构化的形式认购优先级来参与，以取得固定收益，将委托投资异化为借贷行为。

"一法两则"以及《试点办法》使券商和基金产品可以进行分级且集合/一对多计划资本市场领域的投资范围几乎没有任何的约束，大量股票、债券配资业务甚至是单一股票配资业务借助券商以及基金专户进行运作，恒生（032）为代表的系统可以直接向客户提供下单端口。另外，2015 年股灾前，信托公司的伞形信托业务成功地将银行的配资资金分散化和零售化，之后被监管叫停。2014～2016 年，定向增发市场由于一二级市场存在价差空前火爆，定增市场的参与者也依赖银行理财资金得以撬动杠杆博取超额收益。

然而，《证券期货经营机构私募资产管理业务运作管理暂行规定》（证监会公告〔2016〕13 号）的出台，要求"结构化资产管理计划不得存在直接或者间接对优先级份额认购者提供保本保收益安排"这一要求，与理财资金的"刚性兑付"和固定收益所违背，因此《暂行规定》后，证监会体系下机构的分级产品告别历史舞台。《指导意见》的出台，使信托业务也失去了套利的空间。相关文件如表 5－4 所示：

表 5－4 分级产品主要监管文件

时间	文号	发布机构	监管文件名	具体条款
2016 年 3 月 18 日	银监办发〔2016〕58 号	银监会	《关于进一步加强信托公司风险监管工作的意见》	督促信托公司合理控制结构化股票投资信托产品杠杆比例，优先受益人与劣后受益人投资资金配置比例原则上不超过 1:1，最高不超过 2:1，不得变相放大劣后级受益人的杠杆比例
2016 年 7 月 14 日	证监会公告〔2016〕13 号	证监会	《证券期货经营机构私募资产管理业务运作管理暂行规定》	1. 结构化产品不得违背利益共享、风险共担、风险与收益相匹配的原则，不得直接或者间接对优先级份额认购者提供保本保收益安排，包括但不限于在结构化资产管理计划合同中约定计提优先级份额收益、提前终止罚息、劣后级或第三方机构差额补足优先级收益、计提风险保证金补足优先级收益等 2. 股票类、混合类结构化资产管理计划的杠杆倍数超过 1 倍，固定收益类结构化资产管理计划的杠杆倍数超过 3 倍，其他类结构化资产管理计划的杠杆倍数超过 2 倍

资料来源：笔者绘制。

2. 股票质押

广义的股票质押业务包含以股票作为质押物获得融资的一切形式。2013 年前的股票质押业务市场发展较为缓慢,参与方主要为信托募集资金,融资成本高且手续烦琐,需要金融机构到中国结算临柜办理质押手续,处置过程也需要通过司法手段。

自 2013 年证监会、交易所推出场内股票质押式回购交易业务以来,股票质押业务可以证券公司自有资金或者资管计划资金作为融出方在证券公司柜台直接办理该业务。本业务深度与资金市场需求契合且具有明确的固定收益,符合银行理财的配置需求,并且可以作为商业银行向自己的授信客户提供综合服务的一种方式。因此,银行资金参与后,场内股票质押业务发展得如火如荼。具体情况如图 5 - 3 所示:

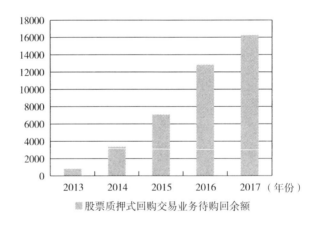

图 5 - 3　场内股票质押式回购业务历年规模

资料来源:Wind。

3. 跨周期报价型产品 (资金池产品)

证券公司/信托公司(公募基金/子公司由于其天生的监管约束无法参与)发行的资金池类产品运作模式如前文所述,基本和多数银行理财产品的运作模式相同,即期限错配并使收益在不同的投资者之间进行转移,不同点仅是投向因为受托机构的差异会有所区别,信托公司可能更偏向于非标资产产品，而证券公司则更熟悉信用债券甚至是股票质押。

在资产荒的特定环境下，由于银行资金受制于投研团队建设、投资范围、投资习惯、研究能力以及加杠杆的能力等因素，无力覆盖大量信用债的投研工作，因此其将资金投向带隐性"刚性兑付"的非银行金融机构的资金池产品，就成为商业银行提高自身资金运作收益的重要方式。然而，这样的运作方式使风险没有暴露在资产管理产品的净值上，却使风险收益在不同的投资者之间转移，这点是《指导意见》需要重点规范的。

4. 其他的金融资产的供给方式

除此以外，各类创新的交易场所，如北京金融资产交易所（简称"北金所"）、银登中心以及各类地方资产交易所，也给了资管计划/信托计划更多的发展空间。如银行理财通过资管计划/信托计划到北金所摘牌债权融资计划等。

此外，银登中心挂牌的"类 ABS"业务模式曾经也一度成为商业银行进行资产出表的重要方式。发起银行将其贷款类非标债权资产委托给信托公司设立财产权分级信托，使发起银行获得上述财产权信托的受益权；随后发起银行通过银登中心挂牌形成标准化产品，并将信托受益权份额在银行间市场转让，优先级通常由其他银行自有或自身的理财资金购买，劣后级的部分份额通常由发起银行自持，该类业务一样将聘请评级公司进行评级。由于该类业务可以实现发起银行资产出表，投资银行可以比照标准化"ABS 产品"计算其风险权重，此业务一度在银登中心如火如荼地开展了一年多，但后续被监管所重视并叫停。

可以说，大资管时代的背景下，银行所提供的带有批发性质的资金是信托公司、证券公司、基金子公司最重要的客户来源，尤其是对于不具备发行单一项目融资类产品的证券公司和基金子公司，长期以来无论是作为影子银行通道，还是作为结构化产品的管理人、股票质押的融出方以及报价型产品的发行方，信托计划/资管计划都可以看作是商业银行资产负债表的衍生，跟随宏观经济、货币政策的变化以及金融创新和监管周期的变动，不断调整自己的业务重心。随着《指导意见》的出台，上述纷繁复杂的交易结构以及过去的业务拓展模式，均要被叫停，信托计划/资管计划也完成了其历史使命。

过去几年中，各类资管机构全力以赴地争夺银行客户以及相应的资产方（即实际承担固定收益的融资客户），从分支机构的一线营销人员，到各大总部的管理团队甚至公司管理层都是在比拼业务资源。然而资产管理业务的核心，即主动管理能力在这样的环境下进步并不显著，也没有呈现优胜劣汰的结果，这一局面以及资管业务的生态都会在《指导意见》出台后有明显的改变。

第二节　信托计划和资管计划的现状

一、整改规范以及过渡是信托计划和资管计划当前所面临的主题

《指导意见》颁布以来，整改规范以及过渡普遍是信托计划和资管计划当前所面临的主题。然而，其中非银行金融机构也存在大量需要面临和克服的问题。

为银行理财以及自营资金提供通道的一对一产品符合《指导意见》等要求的类型非常少，这部分业务本身只是对业务规模贡献显著，但是对业务利润贡献不大，因此对于非银行金融机构来说，可以考虑存量到期结束不再续作，产品不再新增，平稳过渡。对于"非银机构"，其主要的风险在于，严监管、去杠杆，因为一对一的非标项目存在无法续作的问题，则必然存在到期时间比较长的资产由于融资人难以借新还旧，其流动性风险会演化成为信用风险。通道机构和委托人之间的权责若不明确以及涉及抵质押登记等手续，双方将被动应对诉讼和纠纷等问题。这也仅是事务类、程序类的问题，还不涉及非银行金融机构品牌形象以及资本金的损失。

然而，蓬勃发展的资金池（报价型类）产品，由于"非银机构"并不具备银行机构良好的个人渠道，可以通过时间换空间的形式实现期限匹配并慢慢消化。"非银机构"产品往往给出了高于银行理财产品的投资收益且同样存在期限错配，产品的实际收益与建仓时间、风险偏好密切相关且并没有反映在产品的净值中，更不用说非标准化债权资产的估值了。随着《指导意见》逐步落实，滚动发行类型的产品变得越来越艰难，其底层资产的流动性也在市场的一致性行为下受到了影响，同样流动性风险不可避免地会引发信用风险，导致产品平稳过渡难度提升。

二、合理的业务需求亟待细则以及配套方案进行规范

《指导意见》的颁布起到了正本清源、回归资产管理业务本源的作用。资管计划和信托计划也不再是银行资产负债表的附庸，需要回归到主动管理能力本源上，也需要做到投研销售一体，建立自身的渠道圈和客户群体。

一些常规业务的开展还是不可避免地受到较大影响，甚至有许多常规的融资需求，如股票质押等业务，由于银行理财资金此前采用了多重嵌套的方式开立证券账户，而《指导意见》约束后银行理财无法直接或间接通过证券公司的资管计划在我国结算开立证券账户，这就使理财资金不再参与股票质押市场，导致股票质押市场的流动性出现了一些问题，这些问题有望随着我国修订结算开户细则有所好转。

部分资管机构由于对《指导意见》中条款存在意见分歧，为慎重起见它们则一刀切地不开展业务。在相关细则落地后，这一情况可能得到改观。

三、单一融资类项目产品受影响有限

《指导意见》颁布后，投向单一项目的资管产品几乎没有受到太

多影响，例如信托公司发行的单个项目产品，除了在投资者适当性要遵循《指导意见》中对私募产品的规定，以及禁止进行任何形式的"刚性兑付"外，其他均和此前不存在太多区别。证券公司通过发行集合计划（即流行的"信用贷"），以投资事务类集合信托，嵌套方式从事非标资产业务的，受制于"金融机构不得为其他金融机构的资产管理产品提供规避投资范围、杠杆约束等监管要求的通道服务"的规定，已经无法继续运作。但未来，证监会做出的组合投资的要求将使证监会体系"一对多资管计划投资单一项目"成为历史。

四、资产证券化以及财产权信托、家族信托等业务未受到影响

1. 资产证券化

资产证券化业务属于广义的资管业务，《指导意见》规定"依据金融管理部门颁布规则开展的资产证券化业务，依据人力资源社会保障部门颁布规则发行的养老金产品，不适用本意见"。因此，资产证券化业务未受到影响。当前，全市场的资产证券化产品，主要包括银保监会体系下的信贷资产证券化（信贷 ABS）、资产支持票据（ABN），以及证监会体系下的企业资产证券化（企业 ABS）。前两者的载体为信托计划，而后者的产品为证券公司与基金子公司的专项资产管理计划。三类资产证券化要素如表 5-5 所示：

表 5-5　三类资产证券化要素对比

要素	信贷资产证券化	企业资产证券化	资产支持票据（ABN）
监管机构	央行、银保监会	证监会	银行间交易商协会
审核方式	备案制 + 注册制	备案制	注册制
发起机构	商业银行、政策性银行、其他银行业金融机构	非金融企业、金融租赁公司	非金融企业

续表

要素	信贷资产证券化	企业资产证券化	资产支持票据（ABN）
管理人	信托公司、银保监会批准的其他机构	证券公司、基金子公司	—
投资者	一般为银行、保险公司、证券投资基金、企业年金、全国社保基金等	合格投资者，合计不超过200人	公开发行或非公开定向发行
SPV及法律关系	以信托计划为SPT的表外模式，表现为信托关系	以专项资管计划为SPV的表外模式，表现为委托代理关系	表内模式，目前市场大量采用信托型ABN
基础资产	银行信贷资产（企业贷款、个人住房贷款、消费贷款等）	债权类、受益权类资产（企业应收款、融资租赁、水电热收费权、高速公路收费权等）	能产生可预测现金流的财产、财产权利（公共事业未来收益权、政府回购应收款等）
增信措施	内部或外部增信	内部或外部增信	外部增信
评级要求	双评级，优先级必须评级	单评级，优先级必须评级	公开发行是双评级，非公开定向发行不要求评级
交易场所	银行间债券市场	证券交易所、证券业协会机构报价与转让系统、证券公司柜台市场	银行间债券市场
登记托管机构	中债登	中证登	上海清算所

资料来源：笔者制作。

2. 财产权信托、公益（慈善）信托与家族信托

对于信托公司而言，《指导意见》从始至终均将监管对象，即"资管产品"定义限于资金信托，财产权信托则并不在《指导意见》规范范围之内，除此以外，根据银监会对信托公司执行《指导意见》过渡期间的监管工作的通知，公益（慈善）信托与家族信托也不在《指导意见》规范范围之内，但"以财产权信托为名，而从事资金信托为实"的信托产品，笔者理解就是以财产权信托名义实际上通过财产权信托受益权转让进行融资的产品仍然依据《指导意见》进行监管。其中，家族信托是指信托公司接受一个人或者家庭的委托，以家庭财富的保护、传承和管理为主要信托目的，提供财产规划、风险隔离、资产配置、子女教育、家族治理、公益（慈善）事业等定制化事务管理和金融服务的信托业务。

总结《指导意见》对信托公司业务的豁免对象可以发现，具备家族传承、管理财产、慈善公益等民事类信托性质的业务，均不是《指导意见》的监管对象，家族信托与19世纪之前的英国，甚至与古罗马诞生初期的信托业务功能相一致，可以说是另一种形式的"回归本源"了，而募集资金从事贷款融资、金融市场投资、项目投资业务，本质上与其他的资管产品并无二致，适用《指导意见》也无可厚非。

第三节　信托计划和资管计划的业务与客户结构分析

一、信托计划的业务与客户结构分析

根据中国信托业协会发布的数据，我们可以对信托计划的客户结构做简要分析。从委托资产的来源看，信托产品可以分为单一资金信托、集合资金信托以及财产权信托（也称为管理财产信托），截至2017年末，全行业单一资金信托余额为12万亿元，仍然是信托产品中余额数量最大的一类产品，此类信托多数是根据银行为主委托人所下达的指令从事的通道业务。尽管信托公司也有接受金融机构委外资金的业务，但是由于无法进行债券正回购交易，相比于其他类型的管理人还是存在劣势。

集合资金信托计划规模达到9.9万亿元，同比增长35.02%，集

合资金信托计划以向个人和机构投资者募集资金为主，根据信托公司在业务运作中的实际管理责任，集合资金信托实际大约可以分为几个类型：一是由信托公司履行主动管理责任且信托资金用于具体项目的融资类信托，此类产品的客户往往是个人投资者，也有一些产品为银行、保险公司、实体企业等机构投资者定制；二是信托公司履行主动管理责任的投资类信托，投资方向包括股票市场、债券市场、私募股权市场等，资金池产品也属于这一类产品；三是以信托计划作为载体的通道类集合产品，比如与银行合作的股票和债券的配资产品，又如以信托为载体发行的私募产品等，此类产品若按其功能分类一般会被称为事务管埋类信托。

异军突起的财产权信托在 2015 年规模增速较快，这主要是由信贷资产 ABS 以及私募 ABS 类信托业务快速增长所致。

表 5 – 6　2013 ~ 2017 年信托计划余额　　　　单位：亿元

日期	集合资金信托	单一资金信托	财产权信托
2013 年 12 月 31 日	27154.80	75930.48	5985.83
2014 年 12 月 31 日	42920.58	87484.40	9394.12
2015 年 12 月 31 日	53436.43	93510.95	16088.82
2016 年 12 月 31 日	73353.32	101231.00	27601.75
2017 年 12 月 31 日	99050.40	120018.19	43384.35

资料来源：Wind。

前文也已经提到，从信托的功能进行分类，根据银保监会定义，信托产品又可以分为融资类信托、投资类信托、事务管理类信托三类。

投资类信托业务主要包括证券投资、非公开市场金融产品投资和非上市公司股权投资等，不设预期收益率。投资类信托自 2015 年大幅增长后保持相对稳定。2016 年以后也有一些信托公司发行了大量投向债券市场的，或者债券加非标准化债权资产的以资金池形式运作的信托产品，这类产品也被分类为投资类信托，投资者主要是金融机构以及少部分的企业和个人客户。

融资类业务包括但不限于信托贷款、受让信贷或票据资产、股权投资附加回购或回购选择权、股票质押融资、以融资为目的的财产与财产权信托（准资产证券化）、各类收益权信托和已开展的非标资金池等业务。投资者最为熟悉的载明预期收益、投向明确产品的集合信托都属于融资类业务。此外，非标资金池产品也属于融资类业务。融资类业务规模在 2015 年下降后一直保持相对稳定，当然，这和银保监会统计口径有比较大的关系。融资类信托的客户以个人投资者以及部分企业投资者为主，一般主要通过代销的形式进行募集。

事务管理类信托主要是指委托人自主决定信托设立、信托财产运用对象、信托财产管理运用处分方式等事宜，自行负责前期尽职调查及存续期信托财产管理，自愿承担信托投资风险，受托人仅负责账户管理、清算分配及提供或出具必要文件以配合委托人管理信托财产等事务的信托产品，即大家俗称的"通道业务"。事务管理类信托在 2016 年和 2017 年出现大幅增长，一方面因为银保监会统计口径在 2016 年有所变化，将所有信托公司不承担主动管理类责任的信托业务都归为事务管理类，无论集合资金信托还是单一资金信托；另一方面因为证监会体系监管严以及资本金管理导致通道业务回流信托。上述信托计划余额如表 5-7 所示：

表 5-7　2013~2017 年信托计划余额　　单位：亿元

时间	融资类	投资类	事务管理类
2013 年 12 月 31 日	52093.77	35491.14	21486.21
2014 年 12 月 31 日	47036.41	47119.34	45643.36
2015 年 12 月 31 日	39648.07	60317.02	63071.11
2016 年 12 月 31 日	41624.49	59893.74	100667.84
2017 年 12 月 31 日	44284.68	61702.72	156465.55

二、资管计划的业务与客户结构分析

1. 基金公司以及基金子公司

截至 2017 年末，基金公司的专户产品以一对一产品为主，此类产品除了金融机构以及高端客户的委外专户可享有以外，还有一部分是各类金融机构借道基金公司搭建的投资于交易所、银行间标准化产品市场的通道或类通道业务。一对多产品规模约只有一对一产品的15%，这部分产品多数是标准化主动管理类的产品，也有一部分是2016 年 9 月以前成立的为银行各类配资产品搭建的结构化通道产品。此外，还有 1.4 亿元的社保基金及企业年金产品。

基金子公司的产品结构则相对简单，一对一产品一般是银行等金融机构作为委托人的非标通道业务。一对多产品则主要以项目融资类债权产品为主。

此外，由于基金公司、基金子公司发行的一对多资管计划一直都受到"每季度只能开放一次"的限制，故基金公司和基金子公司无法顺畅地开展资金池类业务。其规模如表 5-8 所示：

表 5-8 2017 年末基金公司以及基金子公司资管计划余额

单位：亿元

产品类型		产品数量（只）	资产规模
基金公司	一对一产品	4269	43144.96
	一对多产品	2133	6480.28
	社保基金及企业年金		14650.34
基金子公司	一对一产品	5749	73098.54
	一对多产品	4250	13136.1
合计		16401	137374.13

资料来源：基金业协会。

2. 证券公司

截至 2017 年末，证券公司的自干计划主要以定向计划为主，此类产品多数以根据委托人指令执行的通道业务（含各类非标、债券、股票质押、定增等）为主，也有部分是证券公司承担主动管理责任为金融机构和其他高端客户提供的委外产品。

证券公司的集合计划产品规模约等于基金公司和基金子公司的一对多产品之和，受到"一法两则"限制，其投向主要是标准化产品，也有少量集合计划借信托计划手段，投向非标准化债权资产。值得注意的是，证券公司的集合计划的规模包含了门槛为5万~10万元的大集合产品，属于历史遗留问题，根据《指导意见》精神，这类产品属于公募产品，需要以公募产品进行管理，后续亟待细则进一步规范。

近期，直投子公司的基金也被纳入资管计划的余额中，此类基金一般投向私募股权，往往投资者为门槛1000万元的高端客户，如表5-9所示：

表5-9　2017年末证券公司资管计划余额　　　　单位：亿元

产品类型	产品数量（只）	资产规模
集合计划	3718	21124.99
定向资管计划	18298	143938.08
专项资管计划	15	89.08
直投子公司的基金	714	3690.79
合计	66418	111003.4

注：该专项资管计划不包含资产证券化产品。

资料来源：基金业协会。

3. 期货公司

期货公司的资产管理业务诞生于2012年5月，诞生以来由于其产品监管要求以及客户属性的问题一直难以得到长足发展。其产品于2014年才放开一对多发行，而期货公司的客户由机构投资者和个人投资者组成，机构投资者多数是以"套期保值"为目的的产业客户或者以"对冲股票市场头寸"为目的的专业投资机构，个人投资者则更倾向于自己做交易，因此产品与客户的定位很难明晰，这也是期货资管业务发展缓慢的原因。

截至 2017 年 12 月，期货公司资管规模为 2458 亿元，相比于 2017 年 3 月高峰期的 2980 亿元下滑了 17.52%。虽然期货资管在大资管时代也分到了一杯羹，如作为交易结构多重嵌套的一层开立证券账户、作为结构化产品的管理人从事配资类业务，或者代理委托人成为权益类互换市场以及场外期权市场的合格投资人，但是当前规模的萎缩也说明期货资管面临着和券商、基金子公司产品类似的问题，即高度依赖于通道业务和交易结构，而其本源的 CTA 等投资策略产品规模在当下的市场难以做大。

第四节 《指导意见》对信托计划和资管计划的影响推演

一、批发资金的优势逐渐消退，渠道为王的时代逐渐到来

长期以来，银行理财通过向客户发行《指导意见》中所定义的公募类理财产品，再投向各类资管计划进行委托管理的方式盈利，这样零售转批发的业务模式受到了《指导意见》"实行穿透式监管，对于多层嵌套资产管理产品，向上识别产品的最终投资者门槛，向下识别产品的底层资产（公募证券投资基金除外）"的较强约束。由于证券公司、基金子公司（含基金专户）以及信托公司发行的产品均为私募产品，作为管理人需要执行向上穿透，核查两个不同产品的投资者适当性以及投资范围合规匹配，确保没有监管套利等不合规工作，工作难度增加。对于银行理财管理人来说，投向私募类的资管产品，新增投资不能以资金池的形式运作，如底层包含非标准化债权资产的，还需要实现期限匹配等要求，这并非那么容易实现。

另外，《商业银行大额风险暴露管理办法》（银保监会 2018 年第 1

号）对以匿名方式计算投资资管产品和资产证券化产品的风险暴露的门槛设定为一级资本净额5%，这也决定了商业银行并没有太多的自营资金头寸可以用于投资资产管理产品，而不进行底层资产的穿透。因此，长期以来，证监会下属非银行金融机构所依赖的源自银行理财和自有资金的批发资金优势在逐步消退。

因此，渠道的建设也成为后续比拼资管机构未来发展的主要角力场。尤其是对于各个管理机构差异不大的低风险产品的销售，渠道建设就显得尤为重要。根据《指导意见》所定义的私募产品，符合其投资者适当性要求的投资者，除了部分的财富管理公司以外，多数仍然还是与私人银行客户相重叠。但是，由于渠道和客户长期合作关系的建立，不同的渠道所维护的客户群体往往是存在差异的。如私人银行往往是风险偏好偏低的高净值客户，三方销售机构往往推荐的是信托和资管类固定收益产品，证券公司营业部则主要以证券投资类私募产品为主，具体情况如表5-10所示：

表5-10　三类渠道的特点和销售偏好

渠道	特点	销售偏好
商业银行	客户基础佳，客户门槛覆盖了公众投资者与合格投资者，综合销售能力强	以载明预期收益的银行理财以及信托固定收益类产品为主，也是公募基金的主要销售渠道
证券公司	客户专业性强，风险承受能力强	公募基金、净值型证券投资类资管计划以及私募基金
三方销售机构	主要以高净值合格投资者为主	以载明预期收益的信托固定收益类产品为主，也销售证券投资类资管计划和私募基金

二、从服务交易结构到服务投资者与实体经济

过去几年，非银行金融机构大量的业务是为了交易结构而服务，

对于证券公司和信托公司，无论是设立分级产品还是从事通道业务，都是服务于交易结构，尽管在一定程度上依然是在支持实体经济和企业投融资，但是这部分业务偏离了资产管理的本源，对资管机构主动管理能力的提升并没有帮助且增加了监管难度。在严监管、限表外和通道的环境下，只能提供事务类管理（通道）服务的管理人不再被市场和监管需要。未来组合投资的要求将证监会体系资管计划服务交易结构的工具化功能进一步削弱。

对于证券公司来说，即使是近几年突飞猛进上万亿元的报价型资金池产品，依然也仅是以券商信用为背书发行类似债券的融资工具，目的是为银行创造稳定的利差来源，由于其净值不能反映底层资产的实际估值，导致其积聚了大量的风险而无法合理度量。

因此，未来的非银资管机构依然是要围绕服务投资者和实体经济来开展业务，一方面，需要为合适的投资者提供合适的净值型产品，因此投研能力是绝对核心，渠道则是另一关键点，对于自身具备渠道优势，却缺乏强大投研能力的券商和基金公司还可以通过发行"FOF产品"，引入多个私募管理人的方式拓展业务；另一方面，资管机构需要为实体经济提供服务，对于证券公司和基金公司来说，为实体经济融资提供帮助的股票质押以及资产证券化产品依然会有市场空间；对于期货公司来说则更需要夯实其自身业务本源，即CTA策略产品的基础；对于信托公司来说，尽管无法继续发行新的资金池产品且当下还需要对日益增多的产品发生的风险进行处置，但在融资类私募基金产品受到严格监管甚至一刀切的当下，发行符合《指导意见》要求的、期限匹配的、单个项目类的融资类信托，或者从事资产证券化业务仍然是支持实体经济的良好手段，也是监管机构所支持和鼓励的。

此外，《指导意见》未将对财产权信托、公益（慈善）信托与家族信托列入监管范围，也在一定程度上反映了金融监管机构对信托公司回归"本源"信托业务的支持与鼓励。随着中国社会的日趋成熟，改革开放初期创业的富裕人士也逐渐进入退休阶段，家族财富的保值增值、传承以及管理和分配也是长期需求。对于信托公司来说，家族信托是行业未来长远发展的必争之地，但是相比于动辄规模10亿元以上的资金信托，当下则需要对家族信托的短期投入和长期产出做权衡，这也是信托公司服务实体经济和投资者（信托委托人和受益人）的合理形式。

第六章 《指导意见》颁布后的公募基金

公募基金的起源众说纷纭，部分学者认为公募基金与股票一样起源于荷兰，即荷兰商人 Adriaan Van Ketwich 最早在 1774 年发起的向公众募集的封闭式投资信托——Eendragt Maakt Magt 以分散贸易投资的风险。经过百年演变，19 世纪的欧洲各地都成立了类似的投资信托，并传入美国。1924 年在波士顿创立的"马萨诸塞州投资者信托基金"，预示着现代公募基金（美国称之为"共同基金"）的诞生，该基金从 1928 年开始向中小投资者开放，最终催生了今天被称为"MFS 投资管理"的基金公司。"二战"后美国公募基金高速发展，根据美国投资公司协会（ICI）数据，自 1965 年以来，美国全行业基金总资产以年均 13% 的速度飞快增长。可以说，美国资本市场的发展离不开公募基金的发展。截至 2017 年底，美国公募基金的总规模已经超过 22 万亿美元，其中主动管理型共同基金为 18.7 万亿美元，ETF 为 3.4 万亿美元。

我国的公募基金则诞生在一个极为特殊的时期——1997 年亚洲金融危机期间。1997 年 11 月 14 日，国务院颁布了《证券投资基金管理暂行办法》，随后 1998 年 3 月 27 日，基金开元、金泰同时设立，这是中国最早的两只封闭式公募基金；2001 年 9 月 21 日，中国第一只开放式基金——华安创新设立。20 年历史的公募基金业，虽然经历了多个发展阶段，但是总体呈现出规模不断扩大、产品不断推陈出新的良性发展趋势。截至 2018 年 6 月末，我国公募基金资产规模达到 12.7 万亿元。

在 2012 年以来监管放松以及货币宽松的大环境下，银行、券商、信托、基金（子公司）等各类金融机构开展了一系列创新业务，而公募基金行业的监管力度相比较而言并未明显放松。作为一类高度规范化的机构，公募基金的监管要求严于其他资管机构，投资范围限于场内市场，无法承诺预期收益，无法收取业绩报酬，更不用说参与到影子银行和非标资产融资中去了。然而笔者认为，20 年来，公募基金一直是资本市场中最重要的参与者，公募基金的发展路径也与政府及监管机构所强调的"资产管理业务回归本源"相一致，是受《指导意见》影响最小、转型压力最小、发展思路最为明晰的行业。

本章将在总结公募基金现状的基础上推演《指导意见》的影响及未来发展。

第一节　我国公募基金的现状

一、20 年的稳步发展成果

根据基金业协会统计，截至 2017 年 12 月底，我国境内共有基金管理公司 113 家，其中，中外合资公司 45 家，内资公司 68 家；取得公募基金管理资格的证券公司或证券公司资管子公司共 12 家，保险资管公司 2 家。以上机构管理的公募基金资产合计 11.6 万亿元，比 2016 年末规模增加了 2.44 万亿元，增幅达到 26.64%，首次突破 11 万亿大关。截至 2017 年 12 月 31 日，市场上共有 4841 只基金。其中，封闭式基金共计 480 只，总规模 6097.99 亿元，占比 5.26%；而开放式基金中，货币市场基金共计 348 只，总规模 67357.02 亿元，占比 58.07%；混合型基金 2096 只，总规模 19378.46 亿元，占比 16.71%；债券型基金 989 只，总规模 14647.40 亿元，占比 12.63%；股票型基金 791 只，总规模 7602.40 亿元，占比 6.55%；QDII 基金 137 只，总规模 913.59 亿元，占比 0.79%。从数据上看，货币型基金占据半壁江山，而权益类基金近年来发展速度一般（见图

6－1、表6－1）。

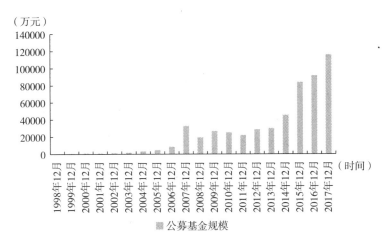

图6－1 1998～2017年我国公募基金规模

资料来源：基金业协会。

表6－1 2017年末公募基金数据 单位：亿元

类别	份额（亿份）	占比	资产规模	占比	数量
封闭式基金	5863.27	5.32%	6097.99	5.26%	480
开放式基金	104326.82	94.68%	109898.87	94.74%	4361
开放式基金：股票型	5847.66	5.31%	7602.40	6.55%	791
开放式基金：混合型	16315.05	14.81%	19378.46	16.71%	2096
开放式基金：债券型	14091.62	12.79%	14647.40	12.63%	989
开放式基金：货币型	67253.81	61.03%	67357.02	58.07%	348
开放式基金：QDII	818.68	0.74%	913.59	0.79%	137
合计	110190.09	100%	115996.86	100%	9202

资料来源：基金业协会。

从公募基金历年资产规模结构看，自2012年以来，股票型基金保持规模占比下降的趋势，这与2015年《公开募集证券投资基金运作管理办法》对股票型基金和混合型基金定义进行重新区分有关，但是整体看来股票基金的比例一直在持续下滑，截至2018年6月底仅占到全部公募基金规模的6.1%。对应的是货币型基金在公募基金的规模占比由 2012 年底的 19.95% 上升到 2017 年的 58.07% 和 2018 年 6 月份的 60.76%，这是基金的互联网销售渠道扩张，投资者购买基金便利性大大增加的结果。具体情况如图 6-2 所示：

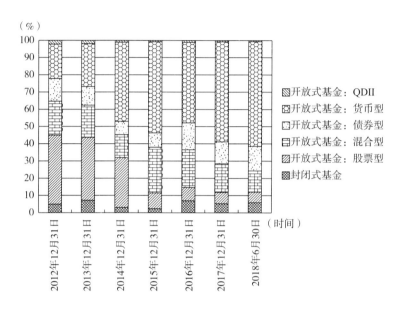

图例：
- 开放式基金：QDII
- 开放式基金：货币型
- 开放式基金：债券型
- 开放式基金：混合型
- 开放式基金：股票型
- 封闭式基金

图 6-2　2012～2018 年我国公募基金结构

资料来源：基金业协会。

从公募基金发行的情况来看，除了 2007 年及 2015 年两轮"牛市"有一定反弹以外，2001 年以来公募基金的发行一直呈现平均募集份额不断下降的趋势。同时，新发产品数量不断增长，这也体现了公募基金行业随着时间发展，竞争激烈且投资者产品选择较多的特点，而单个新发基金的发行规模下降，发行难度在不断增加。近十年来，公募基金整体发行的增速规模为 7.3%，远远落后于同期 M2 以及社会融资总量增速，尤其是银行理财的诞生以及 2012 年以来的大资管时代，各类金融机构、私募基金甚至包括 P2P 平台均参与到资管行业的竞争中，也进一步分流了公募基金的资金来源。具体情况如图 6-3 所示：

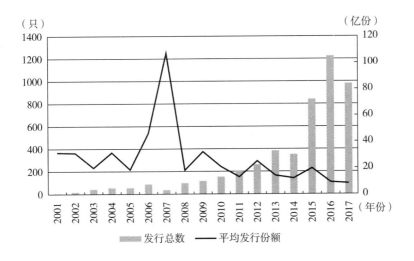

图 6 - 3　2001～2017 年我国公募基金发行情况

资料来源：基金业协会。

截至 2017 年末，非货币基金管理规模前十的公司合计管理的非货币基金规模达 18809.28 亿元，占到了全行业非货币基金管理规模的 38.67%，行业集中度有进一步上升的空间，如表 6 - 2 所示：

表 6 - 2　2017 年末非货币基金管理规模前十公司　单位：亿元

基金公司简称	非货币基金管理规模
易方达基金	2608
博时基金	2253.82
华夏基金	2224.98
嘉实基金	2209.44
南方基金	1907.14
中银基金	1886.92
招商基金	1745.09
汇添富基金	1427.51
富国基金	1303.77
广发基金	1242.61

资料来源：Wind。

二、现行公募基金行业主要法律法规及监管规则

公募基金自诞生以来，一直维持着严监管的基本思路，其合规要求是整个资产管理行业中最严的。与银行理财和信托公司在发展中视行业发展情况以各类《通知》《指导意见》《规定》等文件不断完善其监管框架并防控风险的思路不同，公募基金一直以来的监管规则相对稳定、严谨而成体系化，而且一直秉承着"法无允许不可为"的原则，在产品设计与创新上可以发挥的余地较小。当然，近些年由于金融创新的深化，公募基金也因地制宜，研发了一些创新产品。

现行公募基金以《中华人民共和国证券投资基金法》（简称《基金法》）作为核心大法，2013 年前《基金法》中"基金"一词的法律定义仅为公募基金，直到 2013/2015 版本修订后的《基金法》才加入了非公开募集基金（私募基金）的法律定义。公募基金业的立法原则基本上是围绕《基金法》，对公募基金的机构管理、投资运作、托管运作、销售管理、信息披露进行规范，也从公募基金的估值、流动性风险、防控内幕交易、保障公平交易方面进行了补充规范，其中由于货币基金发展迅猛、规模庞大，证监会制定了多项监管规则对货币基金进行了多次规范。具体情况如表 6 - 3 所示：

表 6 - 3　我国公募基金主要法律法规与监管规则

法律法规、部门规章名称	立法机构	文号	主要因素
中华人民共和国证券投资基金法	全国人大	2015 年 4 月第十二届全国人民代表大会常务委员会第十四次会议	①证券投资基金的法律基础，公募基金、私募资管计划与私募基金行业的第一大法。②对基金的法律地位、基金种类与募集行为、参与主体以及其权利义务、参与原则、基金合同、基金财产与债权债务性质、税收、自律组织设立、基金的监督管理和法律责任进行法律界定。③对境内募集投资境外证券的基金（QDII），以及合格境外投资者（QFII）在境内进行证券投资进行了法律界定

续表

法律法规、部门规章名称	立法机构	文号	主要因素
证券投资基金管理公司管理办法	证监会	2012 年 6 月证监会令第 84 号	①为加强对证券投资基金管理公司的监督管理，规范证券投资基金管理公司的行为，保护基金份额持有人及相关当事人的合法权益而制定。②对基金管理公司以及其子公司和分支机构的设立、变更与解除，公司治理与经营，监督管理的主体和责任进行规范
公开募集证券投资基金运作管理办法	证监会	2014 年 7 月证监会令第 104 号	①为规范公开募集证券投资基金运作活动，保护投资者的合法权益，促进证券投资基金市场健康发展而制定。②对基金的募集，基金份额的申购、赎回和交易，基金财产的投资，基金收益的分配，基金份额持有人大会的召开，以及其他基金运作活动及相应的监督管理和法律责任进行了规范。③重点对基金的类别进行了定义：80%以上投资股票的基金为股票基金；80%以上投资债券的基金为债券基金；仅投资于货币市场方向的为货币市场基金；80%以上投资于其他基金份额的，为基金中的基金（FOF）；投资于股票、债券、货币市场工具或其他基金份额，不符合前者规定的为混合基金；证监会规定的其他基金类别。④对基金投资的集中度进行了限制（以基金全部产品为基准的双 10%）
货币市场基金监督管理办法	证监会、人民银行	2015 年 12 月证监会令第 120 号	①规范货币市场基金的募集、运作及相关活动，对货币基金投资范围与投资限制、基金份额净值计价与申购赎回、宣传推介与信息披露、风险控制、监督和管理责任进行规范；②对于摊余成本法计价的货币基金，利用影子定价的风控手段控制产品的负偏离度，以 0.25% 和 0.5% 两个阈值进行控制

法律法规、部门规章名称	立法机构	文号	主要因素
证券投资基金托管业务管理办法	证监会	2013 年 4 月证监会令第 92 号	①对基金托管业务的定义，包括对基金履行安全、保管基金财产、办理清算交割、复核审查资产净值、开展投资监督、召集基金份额持有人大会等职责的行为；②对基金托管机构以及业务资格的取得要求和方式、基金托管职责、基金托管内控以及监督和法律责任进行明确
证券投资基金信息披露管理办法	证监会	2004 年 3 月证监会令第 19 号	①对信息披露义务人与职责进行定义和规范；②对公募基金募集信息披露、运作信息披露、临时信息披露的要求，以及监督和法律责任进行规范
资产管理机构开展公募证券投资基金管理业务暂行规定	证监会	证监会公告〔2013〕10 号	①为了规范符合条件的资产管理机构开展公开募集证券投资基金管理业务，维护基金份额持有人合法权益，促进基金行业和资本市场持续健康发展制定；②证券公司、保险资产管理公司以及私募基金可以申请公募管理资格；③规定其申请业务资格的要求与流程
证券投资基金销售管理办法	证监会	2013 年 3 月证监会令第 91 号	①为了规范公募基金销售活动，促进证券投资基金市场健康发展制定；②对基金销售机构、基金销售支付结算、基金宣传推介材料、基金销售费用、销售业务规范、监督管理和法律责任进行规范；③明确商业银行、证券公司、证券投资咨询机构、期货公司、保险机构和独立销售机构可以进行基金销售，并明确其人员和基础设施要求

法律法规、部门规章名称	立法机构	文号	主要因素
公开募集开放式证券投资基金流动性风险管理规定	证监会	证监会公告〔2017〕12号	①对于公募开放式基金流动性风险管理相关的基金管理人内部控制、产品设计、投资交易限制、申购与赎回管理、流动性风险管理工具、信息披露、监督管理进行规范；②对于主要投资于不存在活跃市场的投资品种，或是单一持有人占比超过50%的，产品应当设计成封闭式或者定开式，其中对于单一持有人占比超过50%的，还必须同时采用发起式，不得向个人投资者公开发售。不得接受申购后单个投资者规模超50%的申购；③对货币基金进行特别规范：持有人结构与流动性风险匹配；以摊余成本法估值的货币基金的规模不得超过基金公司风险准备金200倍；对货币基金投资的集中度以及评级进行明确要求
证券投资基金销售机构通过第三方电子商务平台开展业务管理暂行规定	证监会	证监会公告〔2013〕18号	①为了进一步拓宽公募基金销售渠道，保障基金销售机构在第三方电子商务平台上基金销售活动的安全有序开展制定；②明确第三方电子商务平台为基金交易活动提供辅助服务的信息系统；③明确第三方电子商务平台和基金销售机构的职责区别，基金交易账户开户、宣传推介、基金份额的申购（认购）和赎回、相关投资顾问咨询和投诉处理应由基金销售机构开展
关于基金管理公司提取风险准备金有关问题的通知	证监会	证监会公告〔2008〕46号	为《指导意见》风险准备金的雏形，基金管理公司应当每月从基金管理费收入中计提风险准备金，计提比例不低于基金管理费收入的10%。风险准备金余额达到基金资产净值的1%时可以不再提取

续表

法律法规、部门规章名称	立法机构	文号	主要因素
关于进一步规范货币市场基金互联网销售、赎回相关服务的指导意见	证监会、人民银行	证监会公告〔2018〕10号	①严禁非持牌机构开展基金销售活动；②对单个投资者在单个销售渠道持有的单只货币市场基金单个自然日的"T+0赎回提现业务"提现金额设定不高于1万元的上限。除具有基金销售业务资格的商业银行外，基金管理人、非银行基金销售机构等机构及个人不得以自有资金或向银行申请授信等任何方式为货币市场基金"T+0赎回提现业务"提供垫支
中国证监会关于证券投资基金估值业务的指导意见	证监会	证监会公告〔2017〕13号	对基金估值业务的基本要求、基本原则、工作机制、计价错误的处理和责任承担进行规范
关于避险策略基金的指导意见	证监会	证监会公告〔2017〕3号	①将保本基金重新定义避险策略基金；②取消了基金管理人的连带责任担保规定，取消了担保公司作为担保人的资格。仅允许符合要求的商业银行与保险公司作为保障义务人；③新增了投资限制和运作要求，重新定义了安全垫支，降低了避险策略基金的整体风险
基金管理公司开展投资、研究活动防控内幕交易指导意见	证监会	证监会公告〔2012〕38号	①规范基金管理公司开展投资、研究活动，防控内幕交易；②要求基金公司明确董事会、经理层、督察长、监察稽核部门和从事投资、研究活动的部门及相关人员在防控内幕交易机制建立、实施方面的职责
证券投资基金管理公司公平交易制度指导意见	证监会	证监会公告〔2011〕18号	①为保证同一公司管理的不同投资组合得到公平对待，保护投资者合法权益制定；②要求建立投资决策和交易执行的内部控制制度、规范行为监控和分析评估

资料来源：中国证监会。

总结现行公募基金行业主要法律法规及监管规则，我们可以发现，公募基金行业在《指导意见》发布之前，一直以不低于《指导意见》的标准来进行监管。甚至可以说《指导意见》的风险准备金、产品估值、净值化、禁止"刚性兑付"等要求，本身就是从公募基金监管中脱胎而来。除分级基金（此前已经根据沪深交易所要求整改）根据《指导意见》"公募产品不允许分级"要求进行清理之外，公募基金需要进行的整改工作是比较少的，也没有面临相关的转型压力。

三、公募基金的创新尝试

自 2012 年的大资管时代以来，公募基金受制于自身监管规则限制，无法参与到资本市场纷繁复杂的交易结构中，也无法参与非标融资业务，但也先后围绕着市场需求进行了多次业务创新尝试，包括打新基金、委外定制基金、债券理财基金以及依赖原本就开展的保本基金和 FOF 基金拓展业务。这些尝试为公募基金短期内拓展了新的业务和收入来源，增加了规模，但是由于其短期效应受市场和政策影响比较大，也易被同业模仿并受到监管关注。具体分析如下：

1. 打新基金

打新基金一般是指收益主要来源为新股配售（即新股一二级价差）的公募基金。虽然监管机构一直强调主承销商不得向明确以博取一二级市场差价为投资目标的投资产品配售新股，但基金公司仍然推出了各种形式的打新基金。2013 年版的《证券发行与承销管理办法》（证监会令第 95 号）规定"首次公开发行股票应安排不低于网下发行股票数量的 40% 优先向通过公开募集方式设立的证券投资基金和由社保基金投资管理人管理的社会保障基金配售"，并且在 2015 年之前，打新需要冻结与申购金额相当的预缴款，因此公募基金打新相对于其他机构投资者具有绝对优势。根据华宝证券统计，2015 年公募打新基金的平均收益高达 13.95%。如此高的收益吸引了大量机构投资者争相套利，存在部分打新基金为一家商业银行所定制，甚至商业银行与非银机构通过高杠杆配资的形式投资单个打新基金的情况。

2016 年打新取消预缴款制度后，投资者仅需要一定规模的底仓，而不需要真实缴款就可以参与打新，各类机构对打新的参与度大幅增加，单个机构中签率大幅降低，而公募基金受制于监管要求，即申购新股不得超过总资产规模，因此公募基金打新策略变得相对鸡肋，策略的绝对收益甚至低于个人合格投资者。2016 年后，沪深两市打新基金的底仓门槛多次提高，公募基金重新对其他投资者取得优势；参考 2017 年以来的蓝筹股行情，打新基金也因为配置了大量蓝筹股票而取得了相对良好的收益。

整体来看，打新基金相对于其他的基金产品已经不具备明显优势，但由于我国股票市场中新股一二级价差的长期存在，"打新"策略仍然是切实有效的增强组合收益的策略手段，也是许多指数增强类基金主要配置的策略。

2. 委外定制基金

委外定制基金的出现背景是 2015 年以来宽松的货币政策使商业银行陷入"资产荒"，大量将自有和理财资金投向非银行金融机构进行委托投资。公募基金相比于其他资管产品，还具有分红免所得税①等优势，因此公募基金便抓住这些机会，发行委外定制产品，产品的特点是投资者数量较少，大多数份额都为一家公司或者少数银行所认购。但随着基金公司将委外基金作为业务重点发展后，大量委外定制基金的出现背后却可能存在"类通道化"、信披违规等问题。由于多数委外定制基金除了定制的银行机构外，还有其他投资者参与，在产品的信息披露、持仓与交易等问题上往往存在银行机构和普通投资者信息不对等的情况，甚至有一些产品银行会干预公募基金的投资决策，公募基金在投资之前需要征询委托人的同意，使公募基金沦为通道。2016 年全年委外基金合计规模高达万亿元以上，新发基金规模占到了当年全市场公募基金发行规模的 50％以上。

---

① 国税总局《关于开放式证券投资基金有关税收问题的通知》（财税〔2002〕128 号）规定，"对投资者（包括个人投资者和机构投资者）从基金分配中取得的收入，暂不征收个人所得税和企业所得税（25％）"，即企业投资基金取得的现金红利免于征收企业所得税。

因此，证监会为防控风险，先后以控制上报和审批节奏，窗口指导要求基金公司做好信息披露和公平对待投资者的工作来进行监管。后续又以《机构监管情况通报》形式对单一投资者超过50%的委外定制基金提出了五个要求：①封闭运作或定期开放运作（周期不低于3个月）；②发起式基金形式；③予以充分披露及标识；④不得向个人投资者公开发售；⑤承诺拥有完全、独立的投资决策权。2017年出台的《公开募集开放式证券投资基金流动性风险管理规定》中，则直接以部门规章的形式对上述要求以部门规章形式予以明确规范。

2016年末债券市场发生了大幅调整，期间成立的委外基金均没能幸免，业绩不仅多数无法达到委托机构的要求且由于银行的基金投资往往需要与银行内批复要求相符，一般投资期限也控制在1~2年内，并且一旦无法达到业绩要求，触发银行的风控标准，还面临着集中赎回的压力。

委外定制基金近几年虽然经历了从繁荣到正常化的规程，但其免税优势仍然使其优于其他金融机构资管产品，并且管理人还可以通过配置部分股票底仓进行打新的形式来增强产品收益。规范化的发起式委外定制基金，在《指导意见》发布后依然具有优势。

3. 保本基金（避险策略基金）

在《关于避险策略基金的指导意见》发布前，我国所称保本基金，是指"通过一定的保本投资策略进行运作，同时引入保本保障机制，以保证基金份额持有人在保本周期到期时可以获得投资本金保证的基金"，在产品的定义中即强调了保本。一般保本基金约定一定避险周期（通常为1~3年）后，投资者可以取得原始投入本金，并可获得一定投资收益，但投资者若提前赎回，将不享受保本承诺。海外保本基金策略一般分为固定比例投资组合保险（CPPI）策略、时间不变性投资组合保险（TIPP）策略和基于期权的投资组合保险（OBPI）策略。这三种策略的基本原理相同，都是将大部分资金投资于固收类资产，使其期末的本息和等于保本额度，然后将剩余资金投资于权益类资产，不同之处主要在于保本额度的确定方式以及投资标的。目前，国内保本基金中大多采用"CPPI"策略。

我国的第一只保本基金是成立于 2003 年 6 月 7 日的南方避险增值
基金。2010 年《关于保本基金的指导意见》（证监会公告〔2010〕
30 号）放松了保本基金担保人的资质和管理人的投资策略，为基金公
司合规开展保本基金发行奠定了法律法规基础。整体来看，2015 年
前，保本基金在整个基金市场中规模一直不大，各大基金公司也没有
动力推进，属于相对边缘的产品类型。但是在 2015 年 A 股市场大幅
波动后，投资者风险偏好逐渐降低，市场投资理念正悄然变化。在此
背景下，属于安全资产阵营的保本基金具备相对于股票型基金更加稳
健的投资风格，日渐被市场青睐，出现了加速发展的趋势。具体情况
如图 6 - 4 所示：

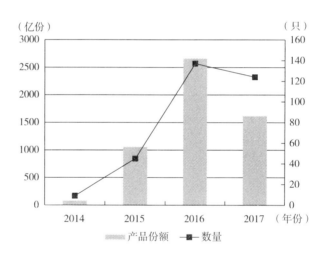

图 6 - 4　保本基金规模变化

资料来源：Wind。

2016 年末，我国存量保本基金份额合计达到 2661.50 亿份，相比
于 2015 年末增长了 151.85%。保本基金的快速增长引发了监管的密
切关注，一方面，债券市场的信用风险逐渐开始暴露，债券不再是零
信用风险的投资标的，部分基金配置中低评级信用债使产品风险增
加；另一方面，随着市场总体规模的扩大，第三方担保公司以及管理

人的代偿风险逐步增加，并且第三方担保公司为保本基金提供的担保集中度过高且第三方担保公司一般在合同中要求向管理人追索。因此，2017 年 2 月，证监会公布了《关于避险策略基金的指导意见》以替代《关于保本基金的指导意见》，其修订如表 6 - 4 所示，保本基金成为历史。《指导意见》禁止管理人以任何形式向投资者承诺保本，与《关于避险策略基金的指导意见》一脉相承。

表 6 - 4　保本/避险策略基金指导意见修订比较

	《关于避险策略基金的指导意见》	《关于保本基金的指导意见》
定义	通过一定的避险投资策略进行运作，同时引入相关保障机制，以在避险策略周期到期时，力求避免基金份额持有人投资本金出现亏损的公募基金	是指通过一定的保本投资策略进行运作，同时引入保本保障机制，以保证基金份额持有人在保本周期到期时，可以获得投资本金保证的基金
保障机制	管理人与保障义务人签署风险买断合同，由保障义务人负责差额补足且不对管理人追索	①管理人与保障义务人签署风险买断合同，由保障义务人负责差额补足且不对管理人追索；②管理人与保障义务人共同承担连带责任担保
保障义务人	商业银行与保险公司	证券公司、商业银行、保险公司、担保公司等其他非金融机构
主要投资限制	避险策略基金投资于稳健资产不得低于基金资产净值的 80%；风险资产投资金额需要与安全垫支匹配	无

资料来源：中国证监会。

4. 短期理财债券基金

短期理财（债券）基金兴起于 2012 年，2011 年银监会叫停了 30 天以下的银行理财发行，使短期理财基金迎来了发展契机。但是后续随着互联网金融与货币基金的发展，短期理财基金相比于货币基金有更长的封闭周期，因此并不具备优势，相比于货币基金发展缓慢。2017 年监管机构对货币基金的各类监管给了短期理财基金良好的发展机遇。根据 Wind 数据，2017 年末全市场短期理财基金规模为

3818.92 亿元，而 2018 年上半年短期理财债券基金产品出现大幅扩张，仅半年时间就增长了 3306.01 亿元。

快速扩张的短期理财基金引起了监管机构的关注，考虑到新型的短期理财基金发行需要符合《指导意见》，封闭期需要在 90 天以上且需要采用市值法或者符合会计准则以及《指导意见》要求的摊余成本法。一旦产品的估值无法以万份日收益或者 7 天年化收益列示且产品久期达到 90 天，则产品的吸引力相比此前就会大幅下降。

投资方向上，部分地方证监局为落实《指导意见》的要求下发了《关于规范理财债券基金业务的通知》，将短期理财债券基金分为固定组合类理财债券基金、短期理财债券基金两类，两者均需要调整投资范围和投资比例至"80% 以上资产投资于债券"，而此前的短期理财债券基金重点布局银行定期存款及大额存单、债券回购和短期债券等资产的格局。在估值方法上，对固定组合类理财债券基金采取摊余成本法计量留有余地，提出如继续采用摊余成本法对所投金融资产进行计量，应符合相关规定；短期理财债券基金则需要整改为按照市值法计量资产净值。因此，短期理财债券基金快速扩张的脚步将暂时停滞。

总体来看，公募基金在大资管时代也是一直在寻找其他的盈利模式，但是基于监管套利的业务创新易被监管机构识别并规范。

第二节　我国公募基金客户结构情况

近几年，我国公募基金投资者结构出现明显的趋势变化，截至 2017 年 12 月末，我国个人投资者持有公募基金资产规模为 57406.54 亿元，占比 50.2%；机构投资者持有公募基金资产规模为 56944.63 亿元，占比 49.8%。机构投资者持有公募基金的规模在 2015 年后迅速增长，一度超过个人投资者的持有比例。剔除货币基金后，我国个人投资者持有非货币公募基金资产规模为 17818.3 亿元，占比

39.06%；机构投资者持有非货币公募基金资产规模为 27795.65 亿元，占比 60.94%。个人投资者持有股票基金资产规模为 4183.14 亿元，占比 59.50%；机构投资者持有股票基金资产规模为 2847.59 亿元，占比 40.50%。个人投资者持有混合基金规模为 12041.57 亿元，占比 59.61%；机构投资者持有混合基金规模为 8160.18 亿元，占比 40.39%。个人投资者持有债券基金规模为 1593.59 亿元，占比 8.67%；机构投资者持有债券基金规模为 16787.88 亿元，占比 91.33%。如图 6－5、图 6－6 所示：

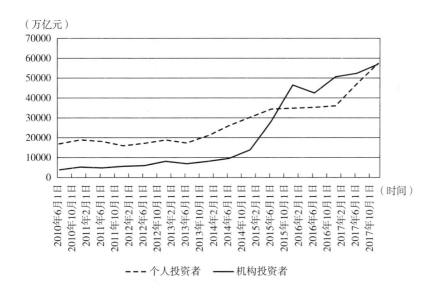

图 6－5　机构投资者与个人投资者投资金额

资料来源：银河证券基金研究中心。

公募基金持有人在近五年来呈现了明显的机构化趋势，这与世界资本市场发展的趋势高度吻合。原因可能包括以下几个方面：

首先，与市场环境有关，2015 年股票市场的"牛市"以及后续的 IPO 扩容推动大量机构投资者参与资本市场，而公募基金则是最便捷的路径，2015 年宽松货币政策后引发的"资产荒"，银行等机构在"资产荒"和避税两个目标的共同作用下，增加了债券以及货币基金的配置。

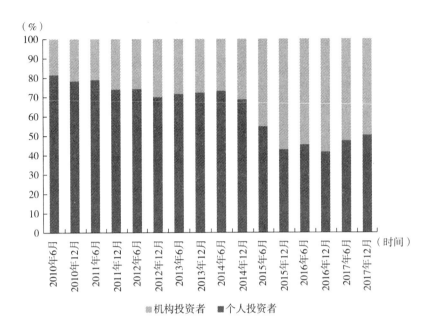

图 6 - 6　我国公募基金投资者结构分布

资料来源：银河证券基金研究中心。

其次，和新增机构参与有关，如 2013 年以来三部委下发的《关于企业年金、职业年金个人所得税有关问题的通知》（财税〔2013〕103 号），令企业年金和职业年金蓬勃发展，成为新增机构资金来源。

最后，市场风格也对机构参与产生了很大影响，尤其是近年来证监会坚决打击题材炒作，积极引导市场参与者投资风格转向价值型投资。机构投资者大多对资金安全性要求更高，资金数量庞大，因此一方面增加了债券型基金和货币型基金的配置，另一方面在股票投资方面也更多地采用申购公募基金而不是直接投资的方式。

第三节 《指导意见》对公募基金的影响推演

一、公募基金的主要优势

公募基金是受《指导意见》影响最小的资管行业，甚至可以说《指导意见》本身也是参考了公募基金的监管规则来进行制定的。在考虑到《指导意见》施行后，公募基金的主要优势包括：

1. 公募产品不属于需要穿透的主体，整改压力最小

多层嵌套一直以来都是《指导意见》以及金融监管的关注重点，但根据《指导意见》第二十二条"金融机构不得为其他金融机构的资产管理产品提供规避投资范围、杠杆约束等监管要求的通道服务，资产管理产品可以再投资一层资产管理产品，但所投资的资产管理产品不得再投资公募证券投资基金以外的资产管理产品"，公募基金得以豁免，这也为很多产品，如专户接受银行理财的委外账户以公募基金作为产品配置奠定了基础。

公募基金相比于其他的资管机构发行的产品，其整改压力最小。在投资者适当性、投资集中度、产品的估值核算等方面都与《指导意见》高度接近，除分级基金和短期理财基金不符合《指导意见》需要进行整改并逐步清盘外，公募基金的多数产品类型均不需要进行整改。

2. 产品节税优势

公募基金一如既往地存在节税优势。这也是公募基金相比于其他类资管产品具有的最大优势。

所得税方面，根据《关于开放式证券投资基金有关税收问题的通知》（财税〔2002〕128号）规定"对投资者（包括个人和机构投资者）从基金分配中取得的收入，暂不征收个人所得税和企业所得税

（25％）"，即企业投资基金取得的现金红利免于征收企业所得税。

增值税方面，2017年6月30日出台的《关于资管产品增值税有关问题的通知》（财税〔2017〕56号）正式规定"资管产品管理人运营资管产品过程中发生的增值税应税行为，暂适用简易计税方法，按照3％的征收率缴纳增值税"，而根据《关于全面推开营业税改征增值税试点的通知》（财税〔2016〕36号）附件三中则约定"证券投资基金（封闭式证券投资基金，开放式证券投资基金）管理人运用基金买卖股票、债券"免征增值税。

因此，公募基金相对于其他的资管产品，仅需要对贷款服务项下的"金融商品持有期间（含到期）利息（保本收益、报酬、资金占用费、补偿金等）收入"缴纳增值税即可，而无须对资本利得缴纳增值税，增值税方面的节税优势明显。

3. 投研机制、系统建设和投研人才的储备优势

在《指导意见》旨在防控金融风险，打破"刚性兑付"，按照产品类型统一监管的背景下，原本带有"刚性兑付"性质的预期收益率产品在过渡期结束之后都会到期清算或者转型成为净值型产品，相对于其庞大的规模而言，转型过渡期有限，转型压力巨大。以银行理财为代表的资管机构，需要将本质是资产负债与流动性管理业务的银行理财转型成为投资业务，将"层层上报、逐级审批、决策风险分担"的授信文化转变为时刻贴近市场和企业、应对市场变化高效决策的投研决策文化，建立起完备的投资研究交易团队，仍需一定时日。公募基金则没有这方面的烦恼，在过去几年的大资管时代中，公募基金并不依赖于搭建交易结构和监管套利盈利，主要还是围绕其传统的投资研究能力作为核心竞争力。

在系统建设方面，公募基金从诞生以来均是围绕净值型产品搭建，其在产品销售、客户管理、份额登记、投资交易、估值核算等几方面均建立了相对完备的系统。

在面向资本市场的投研人才的储备方面，公募基金具有相对市场化的薪酬和考核机制，对于投研人才的培养和晋升考核方面，也已经形成了清晰合理的路径和体系，更易吸引人才。

4. 公募基金的工具化优势

ETF 与 LOF 的产品除了在一级申购赎回外，还可以在场内进行交易，尤其是 ETF 产品的被动投资策略，使公募基金在一系列资管产品中唯一兼具投资产品和投资工具的双重功能，这是其他资管产品所不能媲美的。2015 年以来分级基金产品高速发展也印证了市场对工具产品的需求。根据美国共同基金（公募基金）市场的经验，随着资本市场发展，共同基金产品难以取得超额收益，逐步工具化和指数化是长期趋势。

二、公募基金的短板

公募基金相对于其他资管产品的短板事实上长期存在，《指导意见》的出台对其整体上影响不大。

1. 渠道劣势

长期以来，公募基金由于自身缺乏良好有效的渠道，发行往往受制于代销机构，除了认购费需要全部向渠道返还以外，大部分的管理费还需要作为尾随佣金返还给渠道。随着互联网金融的崛起，新兴渠道（以互联网企业为主）与传统渠道（以商业银行、证券公司为主）展开竞争，包括公募基金自建的机构销售、零售直销渠道以及自主研发的 APP 客户端都使公募基金的渠道劣势有所改善，同时传统渠道对客户的掌控能力也有所削弱，整体的渠道劣势有所改善。

2. 产品特性

从投资范围看，公募基金的投资范围全部为股债等标准化产品，难以配置非标准化债权资产，无法从事另类投资，而在《指导意见》规定的整改期内，银行理财等公募产品仍然可以投资于非标准化债权资产。这是公募基金相对于银行理财等竞品的主要劣势。

从产品设计角度看，公募基金产品无法提取超额业绩报酬，监管规则对产品的仓位有要求，考核标准也主要以相对收益为主，这就决定了公募基金自身的收入主要与规模和非仅仅投资业绩相挂钩。甚至是机构配置公募基金时，考虑流动性等因素，也往往会将规模考虑为主要因素之一，公募基金仍然具有冲量和排名的动力。

三、《指导意见》颁布后公募基金的展望

1. 资管行业同一起跑线既是机会又是挑战

《指导意见》的立法思路，多数来源于创立以来就保持净值化，履行真正资产管理人职责的公募基金。《指导意见》发布之后，全行业都需要向净值型转型，在各类产品逐步取消"刚性兑付"后，具备长期净值化产品主动管理经验的公募基金自然在基础设施、投研团队建设等方面遥遥领先于其他资管机构；从业绩表现上来看，根据华宝证券统计，1999～2017 年，主动偏股型基金平均每年收益 20.66%，在 19 个完整年度中有 13 个"跑赢"上证综指，也具备良好的业绩基础。尽管货币基金与短期理财基金都面临着净值化的转型问题，相比于其他机构，公募基金的整改压力最小。现存的银行理财投资，部分将回流到银行表内回归存款，部分则会成为投资净值型产品的资金，成为公募基金新的资金来源。

但是过渡期内，银行等机构仍然可以凭借老产品的黏性，将现存客户在 2～3 年内逐渐转换。随着时间的推移，银行理财因为风险偏好的原因部分回流存款，市场蛋糕数量不一定维持不变，大概率反而会变小，而更多的机构不断提升投研能力，参与到净值型产品的竞争中，净值型资管行业竞争也将愈加激烈，集中度也会不断升高。所以全行业的净值化，对公募基金来说，当下是机遇，未来则是挑战，规模和投研团队相对于较弱的公募基金管理人仍然具备着更容易被市场淘汰的可能。

2. 产品的工具化是行业的护城河

如前文所述，公募基金在一系列资管产品中最具备投资工具的功能，这是其他资管产品的功能所不能媲美的。随着我国资本市场的不断成熟，股票的港股化、美股化趋势，重业绩而轻题材的趋势不可逆，并且在股票投资方面各类机构的策略将高度趋同，取得超额收益的难度将大大增加，低费率被动管理型产品的作用将显著提升。

根据美国共同基金（公募基金）市场的经验，随着资本市场的发展，共同基金产品难以取得超额收益，逐步工具化和指数化是长期趋势。而企业年金、养老金等长期投资资金的崛起，投资考虑配置的长期性，也往往会青睐于费率更低、投资策略更简单明了的指数品种。在未来资本市场的发展中，公募基金的工具化将为公募基金取得长期有效的护城河，当然管理人之间的分化也会愈加明显。

3. 养老类产品的投资需求将决定行业的长期发展

我国人口结构现状和养老体系的发展决定未来养老类产品具有长期的投资管理需求。一方面，在银保监会体系，2016 年财政部、国家税务总局和保监会联合发布《关于开展商业健康保险个人所得税政策试点工作的通知》，提出了个税优惠健康险运营的初步框架。2016 年 1 月保监会发布《关于开展个人税收优惠型健康保险业务有关事项的通知》，税收优惠促进了健康险产品的推广。保险公司均有配置公募基金的需求，为公募基金扩充了新的资金来源。另一方面，证监会体系也于 2018 年 2 月公布了《养老目标证券投资基金指引（试行）》，养老目标基金是指以追求养老资产和长期稳健增值为目的，鼓励投资人长期持有，采用成熟的资产配置策略，合理控制投资组合波动率风险的公募基金，并且采用基金中基金（FOF）的形式或者中国证监会认可的其他形式运作。

类比美国的 401K 计划，始于 1978 年颁布的《美国国内税收法案》第 401K 条款允许企业缴费部分能进行企业所得税的税前扣除，雇员缴费部分也可以进行个人所得税的税前扣除，只有当退休后领取个人账户资金时，雇员才缴纳税款。401K 计划的提出带来了美国市场养老目标资金的空前繁荣，各类共同基金规模也不断发展壮大。对国内资产管理市场而言，养老类产品的投资需求将决定行业的长期发展。《指导意见》对养老类产品给出了除外条款依据金融管理部门颁布规则开展的资产证券化业务，依据人力资源社会保障部门颁布规则发行的养老金产品，不适用本意见，这也为养老类基金产品未来的产品设计和投资策略开发留下了充足的想象空间。

第七章　资管业务的分化与转型

《关于金融机构资产管理业务的指导意见》（以下简称《指导意见》）以及后来的配套监管政策横空出世之后，市场对监管机构的"底线"有了更为清晰的认识：对于市场十分关注的"打破刚性兑付"的核心条款，使用公允价值原则进行净值的计量，条款放松的幅度很小，而在非标认定上却又有所收紧。虽然《关于进一步明确规范金融机构资产管理业务指导意见有关事项的通知》为了避免对实体经济的过度冲击，在过渡期内对公募非标投资和摊余成本法应用方面有所放松。但总体来看，资产管理业务的门槛越来越高，进入资产管理行业的成本也越来越大了。

市场的一般共识是，未来的金融机构在开展资管业务的时候会更加在意投资研究能力，但对于中小机构而言，经费是有限的，短板却是明显的，经费投入在一个方面都不能算充裕，更何况短板明显，且多一个小银行，要把自己的资管部打造为具备投研、产品设计、渠道管理一体化的资管机构，显然并不容易。就算是一家大银行，想要将自己的资管部独立成为资管子公司，最终发育成为贝莱德或桥水，也不是一件容易的事情，需要在不同的方面都发力。

对于已经被判定为不合规，但又规模庞大的资金池类产品而言，未来的转型路在何方，是一个值得研究的课题——对于资产管理业务的决策者、从业者和研究者来说，调研了解到资管行业现在的状况很容易，研究《指导意见》等监管规定，找到监管合意的未来的资管行业的状况，也不难，怎么从现在的样子变成未来的样子，同时还要兼顾成本最小、投资最小和收益最大的原则，这才是真正的考验。

　　有鉴于此，本章将从资产管理行业的本源出发，为各位决策者提供转型思路系统性的梳理和供决策者参考的意见。

　　对于中小型金融机构而言，理清脉络，选择合理的发力方向至关重要。从业务发展战略上说，对大型银行、券商等金融机构而言，这些转型只是业务转型的一部分，毕竟大型金融机构有很多的经费和客户支持，将自己的资管业务打造成贝莱德的模式；对于中小型金融机构而言，由于经费有限，则需要综合考虑自身情况，着重发展某一块业务，或是放弃资产管理业务。

　　可是，从历史演变的角度看，资产管理业务又是一个金融机构不得不参与、发展迅速、ROE 非常高的业务。

　　从历史上讲，广义的资产管理业务其实就是利率市场化的全过程——资金和居民财富从银行存款里逐渐析出，投入到风险更高但收入更大的资产投资当中去，以美国为例，共同基金的规模自发展之日起，并没有跟随着居民财富或国家收入的增长而增长，直到石油冲击之后，美国经济受到通货膨胀的冲击，走向利率市场化，共同基金和货币基金的规模才开始迅速上升，银行业的资产规模占比逐渐下降，保险和基金业的规模占比逐渐上升，形成了一个更加均衡的金融行业占比。

　　在日本也同样如此，20 世纪 70 ~ 80 年代日本经济腾飞叠加着利率市场化，居民积累了大量财富却不愿意滞留于银行体系，于是纷纷进入保险和共同基金，也就是我们常说的资产管理领域。但与美国不同的是，日本和中国类似的间接融资环境，使得保险公司逐渐成为了"巨无霸"，保单变成了最为重要的居民家庭资产管理的组成部分，与银行业并列成为了金融业的两大巨头。

　　回顾历史可以发现，金融业在利率市场化的大背景下，将会遭遇巨大变革，而这种冲击不光来源于表外业务受到更强的监管而引发去杠杆，更为重要的是，表内资产也将因为利率市场化的冲击，出现资产和负债期限错配风险、投资风险和负债流失风险——在各种大额存单等利率市场化工具出现几年后，美国的银行业在利率市场化的趋势下出现了"大集中"的浪潮，近 4000 家中小型存贷机构和银行破产倒闭，银行业在资产和净资本更加集中的大背景下，也开始大力拓展表外业务：各大银行集团不光通过兼并收购等方式获取投资银行、资产管理等业务，也开始大力发展自身的代销、资产管理等能力。1999年后，由于商业银行的大声疾呼和不断绕过监管限制的行为，美国终于改变了其"大萧条"以来的分业经营原则，将美国的金融业调整为像欧洲那样的混业经营制度。

另外，共同基金、对冲基金、投资银行和保险公司等行业也出现了集中度快速提升的行业结构变革，而进入门槛越来越高的资产管理业务以其快速膨胀的增速、金融业中最高的 ROE，也为此结果助力不少。

尤其是对于我国的银行而言，资产管理业务更显重要。由于我国实行金融分业制，尤其对银行业金融机构的管理极为严格，商业银行法限制了银行及银行集团收购其他金融机构或发展自己的投资银行、证券经纪等业务，资产管理业务几乎成了银行唯一能够合法发展的表外创新业务，是银行业、金融机构在利率市场化过程中必须重视和发展的"未来业务"之一。

更何况，随着利率市场化和资产管理理念的不断深化，必定会有越来越多的资金将从银行存款体系中析出，流入资产管理领域。目前来看，虽然"存款变理财"的趋势已经得到一定的缓解，但目前所谓的"理财"，大多依然是由发行机构进行隐性担保的"影子银行存款"，而非真正"卖者有责，买者自负"的资产管理业务，这类业务在《关于规范金融机构资产管理业务的指导意见》发布之后将会逐渐走向衰亡，原有的那种"利用资金池产品，以表外资金承接表内业务"的模式将会逐渐消失，银行理财和银行本体做到真正的分离。

总体来看，中国金融结构中，银行资产占有的比例过高且不合理，一方面，中国目前高速发展的经济回报带来的债权性融资收益率尚可，但营商制度的缺失让股权投资缺乏安全性；另一方面，巨大的债权性融资规模也给实体经济造成了巨大的债务负担。随着国家在宏观层面上的调整，以及中国社会结构的变化，中产阶级和富人将会越来越多，人们对金融业也会越来越了解。所以银行资产占比总体是下降的，资管行业总体也是快速发展的。

这是时代给予资管行业的机会。

第一节　资管产品的划分

在中国，预期收益型的资金池产品占据了绝对的领导地位。因为，宏观上，中国经济正是在 2000 年开始经历新一轮的腾飞，加入 WTO 的制度红利让大量海外中产阶级岗位流入中国，造就了中国一大批富翁和更大规模的中产阶级群体，居民财富的确出现了较大幅度的增长。从微观的层面来说，经济的腾飞带来了利率市场化的需求（经济腾飞带来了潜在收益率的提升），而彼时银行存款收益率固定，不能反映经济基本面的实际状况，而信托计划、基金等产品，也无法满足社会对低门槛、高收益、高流动性的需求。直到使用资金池模式的银行理财横空出世，社会对资产管理的需求才得到了缓解，而后信托等其他资管产品迅速跟上。分离定价、集合运作、期限错配、滚动发行的银行理财从某种角度上说，就是变种的存款利率。

其中，有投资者教育不足、对无风险利率要求过高的原因，但传统资金池模式产品快速发展，主要原因是利率市场化的需求得不到满足。如今利率市场化改革逐步深化，权责不清晰的资金池模式也完成了其历史使命。

所以，之前依靠资金池模式建立起来的资产管理体系显然会在这样的转换中受到冲击。对国有大行、股份制银行而言，这些冲击会迫使大银行们将自己的资管部改造成为一个集投资管理、产品管理和销售管理为一体的资管公司，但对另外一些存在规模不足、经费不够、人才队伍配置不足、业务严重偏科等"硬伤"的中小型银行、证券公司、信托公司而言，这些冲击就成为生死存亡的关键了。以前的资管业务比拼的并不是真正的投资能力，而是报价和渠道，资管产品的客户并不关心金融机构所投资的资产净值的稳定性、增值率，只关心金融机构的报价和信用，而在新规下，传统的模式完全不能做，金融机构能给客户赚多少钱，完全取决于自身独有的投资能力，这对于目前依靠利差存活的资管业务而言，是相当严重的打击了。

如果进行业务细分，我们可以用一个通俗易懂的例子，把广义的资产管理业务分为三个子业务：

张三很会炒股，而且街坊邻居里所有人都知道张三炒股很厉害，自己白手起家，从几万元钱赚到了几百万元，此时张三只能算作在进行"自营投资"业务。这时候，李四找到张三，希望能给张三 100 万元，让张三帮他炒股，张三想了一下，要求李四每年要给他 2% 的管理费，也就是 2 万元，并且如果一年赚了超过 10% 之后，张三还要从赚到的钱里再分走 20%，李四想了一下，比较合理，答应了。

"张三是股神"的名气越来越响，越来越多的街坊邻居找到张三要求帮忙炒股，于是张三干脆单独开了一个账户，把所有街坊邻居的钱都放到这个账户里面，并且委托了银行进行资金托管——这时候，张三就开始涉足"资产管理业务"了。

这时候，有一些街坊本来约定了把钱交给张三一年，但刚到了半年就急着用钱，张三一想，那不如干脆找家机构给我这些资产做个估值，把资产切成不同的份额，这样大家转让交易起来也就方便很多了。张三的这个想法，就是可交易基金的雏形。

张三的业务越来越大，终于决定在临近的城市中开始拓展业务，可是怎么在其他城市找到这些有钱人呢？张三的名气并没有大到被每一个有钱人都认识、都了解，于是他找到王五，希望王五能帮他找到这些有钱人。王五在当地是一个非常有名的私人银行家，他给他的客户提供该买什么产品，该买什么保险，要不要买房和艺术品的投资建议。

张三的投资能力被王五认可，有了王五的帮助，张三的炒股规模越来越大，名气也越来越大，这时候，有一个他的客户给张三提出了一个需求：他是一家大型钢厂的股东和董事长，每年的收入都与钢价有关，他希望张三在管理他的资金的时候再帮他对冲掉钢价波动的风险。

张三于是找到了周六，让周六来想办法。周六重新设计了产品的结构，加入了钢铁期货用于对冲风险，满足了客户的需求。

在整个例子里，张三参与的是狭义的资产管理业务，即靠自己的投资能力为客户赚钱；银行家王五参与的是资管产品的销售环节，也被称为财富管理业务。他作为张三产品的分销渠道，给客户提供的是资产配置的服务；周六则是参与的资管产品的设计环节，被称为产品开发业务。

资管行业也是通过这三个步骤，来实现业务运转的。因此，对于中小型金融机构而言，要补强，就必须根据这三个业务的不同，有针对性地进行补强。

第二节　以销售为根基获得客户

一、提供差异化的服务

考虑一下，一个只靠委外进行投资管理、只会发行资金池类理财产品，连最基本的结构性存款都不知道怎么发行的中小型银行，在净值化浪潮里应该如何发展？如果还想像以前一样，将核心业务外包给委外机构发行自己的资管产品，就将面临严重的竞争：委外产品也是净值型的，与代销相比，用理财产品去直接全额投资一个委外产品，就相当于向客户收取了两次管理费，在客户收益上显然是存在着劣势的。如果委外机构也发了产品，客户可以直接选择购买委外机构的产品了。

如果沿用委外模式，净值比不过委外机构自己的产品。如果自己投资，在不熟悉市场的情况下，能做到中游就已经算非常不错了。投资业绩没有优势，产品结构又相当单一，产品又如何销售呢？

一个机构如果想自主发行理财产品，靠的只能是自身的销售能力。

既然如此，为何不将如此强大的销售能力用于代销呢？让我们以货币基金为例做一个简单测算：机构的代销费为 15～20bp，与管理费的 35bp 相比的确有一定差距，但需要考量对于一个没有什么投资能力的机构，重新建立一套投资管理的体系和人才队伍，去赚取这剩下的 15～20bp，是否真的值得。

所以，与其分散资源投入到投资管理的方向里，投入经费组建投资团队，又担心"流氓交易员"的问题，不如将经费投入到熟悉的领域，深挖销售渠道，来了解客户的需求。

另外，对于对资产管理业务抱有较大期望且不希望自己的资管业务只是"小而美"的大型金融机构而言，财富管理、产品开发和投资管理三者必须并举，而销售和财富管理业务，无疑是极为核心的部分。

美国先锋基金的创始人 John Bogle 认为，资产管理规模的增长，主动投资管理能力并不重要，产品设计能力也不是决定性因素，销售能力才是最重要的。美国的资产管理行业之所以能够发展，其主要原因就是钱够多、渠道够广，本土美国人、养老金等机构投资者以及外国投资者的资金大把流入资管市场，而一家资产管理机构的规模及利润大小，与公司投资能力的关系不如公司销售能力的关系密切。这个原则在美国被验证，在中国也是一样，资管行业赚钱的多少主要取决于规模的大小，而规模的大小则主要取决于销售能力的强弱。

那么，具体我们需要拆解一下资管产品客户的需求。

从类别上区分，资管产品的主要客户有如下几类：基于个人、家庭资产配置需求的普通个人客户、高净值客户和私人银行客户；基于流动性管理和资产保值增值需求的企业客户以及基于资产保值增值以及资产配置需求的金融机构客户。

对有资产保值增值以及资产配置需求的金融机构客户而言，金融机构本身就有丰富的渠道去接触其他主动管理的资管机构，因此，一个代销机构想要服务金融机构的资产保值增值需求可谓相当的艰难。同时，代销业务或者资管产品的销售业务主要针对的是基于各种需求的个人（普通客户/高净值和私人银行客户）以及企业客户。

从产品角度上区分，则主要被分为产品和产品组合：前者包括诸如货币基金、债券基金、股票基金、大宗商品基金、单一主题投资基金等，后者则是前述产品的人为组合。

回到财富管理机构上，对财富管理业务而言，最为重要的是销售收入——也就是客户支付的申购费、赎回费、管理费的分成部分，因此，对于一个代销机构而言，提升客户的交易频率的根本是找准客户的需求，然后提供差异化的服务。

换句话说，由于未来的主力品种为现金管理类和债券/权益基金类产品，对代销机构而言，除了单次代销费特别高的私募型产品之外，更多的收入来源是"提升客户的交易频率"——客户每一次申购和赎回，都会为代销机构带来收益。

因此，代销业务或者财富管理业务获取更高收益的办法是：销售单次代销费特别高的产品——私募型产品或保险等，以及更加重要的、更加长期的收入来源是"提升客户的交易频率"。销售高收入的产品和提升客户交易频率的前提有两个：客户群体大、客户愿意频繁交易。

客户群体大这个点对农商行而言通常是喜忧参半的，农商行的客户群体确实很大，但这群客户，特别是年纪稍大一点的客户，几乎可以说是无效客户，如果没有传统的报价型的理财产品，他们几乎只会购买定期存款、大额存单或凭证式国债，投资净值型的理财产品、基金或者净值型的投资型保险的概率非常低。对城商行和缺乏零售渠道的其他中小金融机构而言就更难了，好多的地方城商行试图想要在零售业务上发力，到现在零售业务占比都不高。

事实上客户群体不仅包括一般个人客户、高净值客户和私人银行客户，还有大量的企业客户，它们也有资产保值、增值和流动性管理的需求，所以，整体来看，无论是农商行还是城商行，其实能获得的有效客户都不多。

有了客户，那么下一步便是了解客户需求，即是 Know Your Customer（KYC），在传统情况下，由于产品结构单一，期限＋收益率，客户自然是知道自己的需求以及对风险的承受能力的，KYC 只是一张简单的风险问卷。可在新模式下，期限和收益率都不确定，客户也很难真正清楚自己究竟需要什么，因此在这个阶段，了解客户需求就变得非常的重要。

对个人客户而言，最为重要的显然是资产的配置，特别是在中国这样一个家庭资产大比例配置于房地产的现实环境里，对其他金融资产的投资占比显然是不足的。且不说如今在中产阶级中已逐渐觉醒的保险意识带来的保险产品需求，他们还有大量的权益类和债券类投资的需求也需要满足。例如代销高门槛、高收益的非标类资产和低门槛的投资联结保险等，这类代销费丰厚的资管产品，可以为银行赚取高额的单次代销费。

而对企业客户和更注重风险和收益的个人客户而言，较高的Sharpe Ratio（收益/波动）就是非常重要的指标了。要取得客户的认可，金融机构就要让提供的服务尽量接近客户的需求。根据客户用钱投票的历史，过往销售量高的产品往往具有产品净值波动小甚至完全没有波动，有稳定正收益的产品，就是最受欢迎的产品。

无论在"刚性兑付"的中国还是不存在"刚性兑付"的美国，这样的产品都是最受市场欢迎的，而这类低风险、稳定正收益的产品，除了低波动低收益的现金管理类产品，还有通过平衡的投资策略来降低风险或提高收益的资产组合，例如通过宏观对冲风险平价的桥水全天候基金，就取得了大量个人投资者和企业投资者的青睐。

简单来说，对企业客户和个人客户而言，金融机构需要拓展代销业务，首先需要帮助客户配置资产，其次需要配置的资产需要满足低波动正收益，这两点是多数客户的普遍需求，也是中小机构转型、进入财富管理业务必须要解决的两个问题。

在了解了客户的真实需求后，金融机构需要进一步提供投资顾问服务。对于如何帮助客户更好地完成家庭或个人资产配置，不一定非得交给支行或网点的销售人员来完成，总部可以建立一套标准的体系或系统来给客户提出专业的意见，以帮助客户完成家庭或个人的资产配置，而销售人员则只需要获取客户的信任、了解客户信息和需求，并跟客户提出所生成的资产配置建议即可。

不过，传统的模型只销售产品，但好的投资顾问模型不光销售产品，还可以销售策略，为客户在大的资产组合之下再建立一个资产组合，以降低波动和提高收益。例如，基金代销机构开发出一个基金指数基金的投资策略，该策略本质上是一个"强者恒强"的趋势跟踪策略，定期检测市场哪个指数强就买谁，而且回测出来的数据相当理想，但在实际操作中，这个策略会频繁地申购基金、赎回基金，大部分的收益都被交易费用消耗了，也就是说，大量的收益被基金代销机构转化为代销费用了。

通过这个例子可以发现，从客户身上赚取管理费并不一定需要销售那些风险较大、门槛较高、代销费率较高的产品，相反，通过活化客户也能做到提高管理费收入。

当一位客户没有重大疾病保险、缺乏保障，除了房子就是现金，缺乏对金融市场的投资时。同时该客户未来 5 年都没有重大开支，每个月都有结余，系统就可能会推荐客户投资一个混合投资于投资及债券且每月调仓一次的产品组合，并且在本行买入本行代销的保险产品。

对于金融机构来说，这既销售了高代销费的保险，又销售了一个有着频繁交易策略的基金组合，一次性的大收入和未来的持续收入都有了，金融机构不需要亲力亲为地去成立一个基金。

"提供差异化的投资顾问服务"是金融机构能获得客户信赖、赚取客户更多管理费的关键。这与以前那种纯粹追求规模的模式已经完全不一样了，以前的理财产品都是封闭式预期收益型的，利差就是管理费，期限都是固定的，所以拼的就是规模；现在大量的理财变成了开放式净值型，客户可以申购赎回，其实赚的就是固定管理费或者申购赎回费，对销售管理模式的理解思维需要做一些改变。

二、用差异化来提高获客能力

有了差异化的投资顾问服务，下一个目标则是提升获客能力。利用差异化的投资顾问服务和投资顾问业绩，银行可以围绕其投资顾问服务，深挖其获客能力。

尤其是对中小金融机构而言，如何做到线上与线下并举，如何深挖线上，都是它们不得不去研究的课题。很多机构目前的手机银行App页面糟糕，技术落后，都是机构不愿意投资或不够重视的原因。中小金融机构在对先进机构进行调研的时候，不应光着眼于新技术，更需要将经费用于一个表面不赚钱的新技术的背后的逻辑。

总之，银行想要在净值化时代发展自己的代销或销售业务，首先要保证的是自己渠道上的优势，在线上、线下两方面做出优化的同时，还要提供差异化的资产配置服务，而最根本的，就是要改变原来只看规模的赚钱思维，深耕客户需求，即便让客户多做申购赎回，也是较好的赚钱模式。

知道客户要什么，也明确了金融机构自身的目标后，接下来就要解决怎么做的问题了。与服务质量相比，渠道显然更为重要，但渠道建设是一个循序渐进的过程，需要大量资源的缓慢积累，服务在一定程度上属于吸睛的噱头。所以，开发或者参与开发一套投资顾问系统，并依据投资顾问系统来进行线上线下的渠道改造和投资，就显得非常的重要了。

……

设立投资顾问系统的目标有二，一是帮助客户做好家庭、个人、企业的资金规划，对客户销售一些以前没投资过的产品；二是向客户推荐资管产品的同时，让其尝试本机构的投资顾问服务，用固定策略指导客户定投/交易所购买的这些资管产品，其本质是建立一个没有实体的FOF/MOM。因此，一方面是资产配置模块，它是帮助客户建立大量资产配置的工具；另一方面则是投资顾问模块，它是帮助客户获取波段收益或通过资产配置实现风险对冲的工具，也是让客户周期性调仓的工具。

设立家庭/个人资产配置模型和企业/家庭资产配置模块，是建立投资顾问服务的基础工作，可以通过购买现成的模型的方式实现。支行或网点的销售人员只有信息录入的功能，甚至可以让客户自己在网银、手机银行甚至别的App中输入自己的要求；而资产配置推荐和投资建议均由总部专业人员来确定。所以总部专业人员须要有审核甚至涉及投资策略的能力，以及调整资产配置模型参数的技术水平。

实现第一个功能，帮助客户做好家庭、个人、企业的资产配置和资金规划后，总部还需要制定一系列交易策略，例如前文里提到的趋势跟踪策略，而其策略的目标是保持客户资产组合低波动正收益，且保持尽量大的申购赎回频率。

因此，资产配置模块对银行人才的需求不大，更多的只是购买系统，并将其上线到支行、网点、网银和手机银行等客户终端，而投资顾问模块则对银行人才的需求较大，需要银行建立一套对资管产品进行评级的体系，以及自己构建投资策略的体系。换句话说，除了系统本身，银行还需要建立一个研究团队，但与自主投资相比，少了投资和交易团队，成本也因此少了不少。

另外，在销售渠道管理上，由于期限、利率都很确定，传统的理财产品销售起来非常容易，销售人员不需要具备任何专业知识即可上岗，还有"刚性兑付"，理财产品投资什么是无所谓的，但步入净值化时代后，客户和销售人员都需要进行知识更新。

线下销售依然是银行开展资产管理业务的主战场，而转向代销业务之后，销售渠道就成了唯一的战场，线下更是争夺的热土。因此，在渠道管理上，尤其是线下，需要让销售人员熟练运用最新的投资顾问系统，能够教客户在网银、手机银行或 App 上使用投资顾问系统。

线下的销售人员同样需要具备正确讲解投资顾问系统所生成的资产配置建议和所推荐的产品的能力，换句话说，当投资建议出来之后，销售人员还要对每个产品完全了解，解答客户的问题，并最终促使客户签字埋单。

线上销售部分，则需要重新改造网银、手机银行，或者开发一个投资顾问的 App——这样可以更好地吸引非本机构客户使用投资顾问 App，在本机构购买投资顾问系统推荐的资管产品。

所以线上销售渠道开发的关键，依然依托于投资顾问系统的各种功能，添加在手机银行、App、微信公众号等多个线上渠道上，并借此作为噱头，吸引新客户，深耕老客户。

所以，从时间表流程上看，开发投资顾问系统是代销转型的第一步，投资顾问系统既包括了资产配置模块，可以推荐给客户各类资产用于购买，也包括了投资顾问服务模块，允许系统给客户提供投资建议，甚至帮客户进行自动申购赎回的操作。

系统开发的过程中，金融机构需要建立对资管产品的评价体系，以及资管产品组合的投资策略开发的能力，所涉及的人力资源，金融机构或者自身从内部建立人才队伍，或者从外部招聘、组建相应的人才队伍。

具备以下特点的金融机构可以逐渐减少自己的主动管理规模，转变为代销机构：

（1）机构现有的资源不具备主动投资的能力，例如，目前机构中资管产品结构里的大部分资金都交付给委外机构进行投资，甚至其中有没有建立投资、研究、交易等一系列业务的风险管理、操作规程和组织结构，因此重建这一系列的系统、体系及文化需要长期的努力。

（2）金融机构的存量资产管理规模较大且同业占比相对较少；当报价制变成净值化之后，同业资管产品必然会大幅缩水，金融机构可以借此分析自己的存量客户结构——来自零售、机构和金融同业的资金各是多少，它们的稳定性又如何。

（3）代销业务是整个资产管理行业里门槛最低的业务，先从代销业务开始做起，愿意进入资产管理行业，并愿意为其投入直到规模够大、积累经验够多且有了足够的投资能力之后，再开始寻求主动管理，自主发行资管产品。

第三节　加强产品设计的能力

随着中国人口结构的变化、中产阶级人数和占比不断上升，以及利率市场化进程的不断深入，金融行业的层级结构将会发生巨变。一方面是商业银行的地位受到冲击，银行利差收窄导致资本回报降低，造成金融行业的重新洗牌，以及大量资产和资金从商业银行体系中析出；另一方面是金融行业，尤其是资管行业的崛起带来了很高的门槛，让金融业进入了收购兼并的"战国时代"。

在净值化时代之后，银行理财等资金池模式的资管产品不再像以前那样依靠报价招揽资金。显然，资管行业的门槛是提高了，需要金融机构去加大投入，但对于很多金融机构而言，投入也是相当值得的。如果金融监管机构的监管逻辑不改，或者说继续分业制经营，对金融控股集团和混业经营依然持有负面的观点，那么资管业务就变成了几乎所有金融机构联系的纽带。任何符合要求的金融机构都可以参与资管业务，资管业务也可以通过各种方式进入借贷市场和证券市场。

不过，相对于有资源、有客户、有人才的大型国有银行、股份制银行，大型证券公司，很多中小型金融机构存在着资源或人才上的不足，就算它们想在资管行业这个市场上分一杯羹，也不知道该往哪些方面投资，该在哪个地方形成自己的比较优势。

资产管理其实是三个大方向的集合：投资管理、产品设计和销售管理。有一定规模、有一定客户，但没有投资能力的金融机构（主要是城农商行）在资管净值化时代下，可以把原有的资产管理业务转变为代销业务，等到代销业务成熟之后，有了足够的资源，金融机构可试着发行自己的净值型资管产品，这是一条已经被第三方财富管理机构如诺亚和钜派等走通的路；而对于那些在投资管理、产品设计和销售管理上都有一定程度的基础，且机构也有资源和制度去加强自己的各项能力的大型金融机构，销售管理和财富管理能力虽然是最值得投资的项目，但为了实现差异化竞争，产品设计开发也是极为重要且需要补强的。

资产管理产品的各种"差异化"特色，如银行理财不能进入交易所市场、信托计划不能逆回购、公募基金有税收优势等特色消除或削减之后，资管行业的从业者们必须要考虑的问题是此产品在资产管理行业立足的核心竞争力。

我们可以把资管产品分为以创造绝对收益为目的的产品、以创造相对收益为目的的产品这两大类别。在不考虑金融业基础设施上的差别（金融业的基础设施指的是各类金融系统、清算结算等建设）的情况下，追求绝对收益的玩家（以前的资金池模式理财产品、对冲基金等）主要靠绝对收益吸引客户；而追求相对收益的玩家则主要靠销售的能力。

对《指导意见》之前的传统资金池类资管产品（包括报价式的信托集合资金计划、券商资管计划，以及互联网金融的资金池产品）而言，由于带有"刚性兑付"的性质，所以在追求绝对收益的领域里，其收益是该业务规模的最大影响因素。一家规模不大的银行，只要敢于给高收益，也能够把规模做到相对于其自营规模更大的进步。

但进入到净值化时代之后，无法避免的是资金池类产品整体将会转变为公募或私募基金型产品，除了货币基金和项目类产品仍在提供绝对的收益外，其他产品都成为追求跑赢大盘的相对收益的玩家，而那时最重要的显然就是销售能力的提升了。由于收益不再像以前受管理人的控制，而是管理人投资能力和市场行情的综合体现，销售能力就成为了管理人发展取胜的重要法宝。

那么，对于资金池产品而言，机构无法控制实际收益，在渠道短期无法建立或扩大优势的前提之下，产品设计就是创造差异化、增强销售能力的关键了。目前市场的产品趋于同质化，这些产品未完全覆盖个人及机构的投资需求。所以，挖掘客户需求，发掘全新市场并进入一片蓝海，对金融机构而言，仍然是一个性价比极高的选择。换句话说，管理能力和销售能力是决定业务规模的关键因素，但产品设计能力可以让金融机构找到一片蓝海，通过使用不同资产以及添加新的合约条款等方式，帮助产品进入蓝海，与其他产品错位竞争。

一、未来资管产品结构的研究

由于《指导意见》给出了最终期限，过渡期之后不合规的产品均不能发行，也就是说，过渡期是资金池类产品最后的期限，过渡期结束之后，传统的报价型资金池类理财产品将不复存在。所以，在我们增强产品设计能力之前，首先需要了解未来资管行业的发展趋势，尤其是对资管产品的转型完成品进行研判。只有了解到资管产品的转型方向，才能知道需要在哪里补强。由于美国和日本等海外国家并没有经历"预期收益型产品"的阶段（日本虽然经历过"金钱信托"的阶段，但"金钱信托"被日本央行视作了存款产品），海外经验似乎并没有借鉴意义。

不过，虽然美国、欧洲和日本没有"预期收益型产品"这个阶段，但都出现了在利率市场化进程中，存款被替代为资管产品的现象。

虽说这是历史的进程，可市场同样也关心这些资金会转向何处，毕竟，如果去除同业空转和通道业务，以银行理财为主的资金池产品占据了绝大部分的规模，而不论这些资金池是交由委外还是自主投资，最终是持有了不少资产，且为了适应传统的刚性成本、暗箱操作、分离定价的模式，这些投资普遍过重，期限过长、流动性过差和评级较低，也过于考核静态收益率，导致目前的资产持仓不符合净值化之后的客户需求，因此，其模式必须进行调整。

同时，产品设计上也是要转变的，原有的新客户给旧客户担保、风险收益在客户之间、客户与管理机构之间转移的模式无法维系，面临着资产和产品两方面转型压力的银行理财，其未来更值得我们关注。

由于货币基金存在着估值上（按照证券投资基金会计核算业务指引，货币基金可以在偏离度范围内使用摊余成本法）和产品结构上（货币基金的净值保持为1.0000，收益被折为分红）的优势，与传统的报价型、不会亏损的资金池类银行理财产品相比有极强的替代性，因此成为银行理财转型的首选。

更何况，货币基金本就是公募基金行业里规模最大的品种，也是相对来说投资管理门槛较低的品种，未来必将成为银行理财转型的重要方向之一。但其门槛较低也说明要把货币基金类产品做出彩，让自己机构与产品声名鹊起的可能性不大，主要比拼的还是销售能力。

从资产的角度上说，货币基金类产品要求资产必须够轻，流动性必须够好，但同期较长、风险较大、预期收益较高的资产，在净值化浪潮里，虽然是资产净值的波动器，不符合大部分银行理财传统客户的需求，但这些资产如果运用得当，可以成为使业绩稳定增长的发动机。

所以，在老资产需要消化、新产品需要知名度，而投资管理机构能力又不足，不能像公募基金那样有足够的投资管理能力发行债券型或者股票型基金，并且自身制度也不支持的情况下，具有一定的投资能力，对固定收益市场足够熟悉的金融机构就会选择"货币基金类（即现金管理产品）打底＋债券基金类过渡＋FOF/MOM、类信托产品吸引客户"的产品设计结构。

选择用货币基金类产品打底，是因为在现行的《证券投资基金会计核算业务指引》中，货币基金类产品可以做到使用摊余成本法进行估值，从而稳定了产品净值。因此此产品风险最小、流动性最好，同时其估值模式和收益给付模式都与传统的资金池类产品最为接近，客户的接受度最好，因此用现金管理型产品去打底，客户的流失率最低，对稳定传统客户基本盘也有很大的帮助。

选择使用债券基金作为过渡，是因为前期的理财产品投资中存在着大量的"重资产"，其期限和流动性均不符合货币基金的投资范围，而若直接以市价向市场出售这些资产，则可能导致前期浮亏兑现，这部分资产需要接盘。使用债券基金型理财产品对其进行接盘，显然是相对较好的选择，而通过"骑乘策略"，这些资产期限缩短之后，前期的浮亏会逐渐减少。

而业务要发展，再也不能像以前那样通过提高报价来吸引客户，来获得更高的市场占有率，除了销售渠道的不断增强之外，仍然需要一些具有吸引力的拳头的产品。现在的公募基金公司都会采用举公司之力打造明星产品、明星团队和明星经理的策略来招揽客户，净值化时代之后，理财产品理论上说与基金还存在着相对的（税负）劣势，比起公募基金来，显然更需要噱头性产品。在缺乏权益投资经验的时候，用FOF/MOM型产品或者项目融资类资管产品来提升自己的知名度，不失为一个好办法，而某一些在资产管理领域深耕已久的资管机构，早已建立了自己的 FOF/MOM 和量化对冲团队。

"货币基金类打底，债券基金类作为过渡，FOF/MOM 吸引客户"这个模式值得缺乏投资能力的中小型金融机构来学习，因为中小金融机构更缺乏对衍生品、大宗商品和宏观对冲的投资经验，贸然进入这些领域不光缺乏足够的人才储备，在制度上也不被支持，而 FOF/MOM 在人员和制度上的要求比单独管理一只股票基金、宏观对冲基金或大宗商品基金要低得多。本质上 FOF/MOM 只需要建立大类资产研究团队和产品评价体系，无须对个体资产进行评估，节约了不少成本。

另外，如果一家金融机构认为自己发行主动管理的产品是有性价比的（相对于转变为纯代销机构），显然这家金融机构是建立了自己的投资和交易团队的，因此它在把自身产品转变为货币基金型和债券基金型是没有多少障碍的，其他一些问题也可以通过招聘等方式进行补强。

二、产品设计需要与机构优势结合

如果整个行业对产品结构的设计如此一致，那是否可以说产品设计就一无是处了呢？显然不是，而且相对于不需要整改，或者整改难度较低的公募基金而言，其他金融机构，尤其是银行似乎更能发挥产品设计的功效。

与公募基金相比，证券公司和银行的优势在于拥有较多的网点，能够第一手接触到客户、了解到客户的需求，甚至可以通过教育投资者的方式来创造、改变客户的需求，以及拥有较大的资本金和较多的资金优势等，这些优势对代销有帮助，对产品设计同样也有帮助。

传统产品遇上渠道、资金优势，创造出来的产品就是国民级的，由产品设计机构蚂蚁金服先行垫付赎回资金来保证客户赎回实时到账的"余额宝"，产品设计出来之后受到市场的强烈追捧，最后竟成为了银行、券商等传统金融机构设计和代销产品时使用的"标准模式"。主流传统金融机构几乎都有了由本机构先行垫付客户赎回资金模式的小额资管产品，对接的结构也一模一样，底层资产是货币基金或类货币基金，设置每日实时赎回的最高限额等。

"余额宝"的故事说明了产品设计的妙用，把传统的金融产品结构加入本金融机构的比较优势的时候，就可能解决了传统金融产品没有解决的痛点。当然，这些创新显然都会增加一定的成本，不过这些成本与"提升投资管理能力""深挖销售渠道"所带来的成本相比，相对是便宜的，更重要的是，它创造了一片蓝海。

但是要进行产品设计上的革新，我们不光要了解传统金融类产品的优点和劣势，也需要对市场需求有深刻的洞见。

除了改进传统金融产品的条款之外，金融机构也可以选择将多个传统金融产品或资产进行组合的方式来合成一个新的资管产品，而这种将多个资产进行组合，从而形成新的资管产品的模式，有三个相当成功的模式：FOF/MOM、CDO（合成CDO模式）和对冲套利。

FOF/MOM模式即为产品挑选合适的基金产品或基金管理人，把它们当作基础资产进行买入和卖出操作。FOF/MOM一般基于两种考虑：一是为了让资产组合在保持极度分散化的同时，又保留了获取alpha收入的机会，此时FOF/MOM的管理人通常会进行主题性的主动管理，而其纳入投资范围的基金或管理人通常风格明显；二是通过资产组合，将FOF/MOM的风险收益比提升，基于这种目的的FOF/MOM管理人通常会使用量化的模型，被动地构建一个风险收益比最佳的资产组合。

FOF/MOM的优势在于，FOF/MOM的管理人实际上并不需要对每个基础资产都了如指掌，只需要制定自己的投资策略，以及对每个资产组合的策略进行评估，这与传统的投资模式——"制定自己的策略，评估单一资产"不一样，只是对策略的制定和评估而已，对投资和研究团队的要求相对单一，在投入有限的情况下，这样做能最大化自己的管理规模。

另外，由于资金池类产品的规模虽然会受到《指导意见》的冲击，但总规模不会迅速下滑，始终是资产管理行业的重要组成部分。从这个角度上说，对于众多在人才和制度上存在一定不足的、以前主要发行资金池类资管产品的金融机构而言，在管理这么多资金的时候难免捉襟见肘，FOF/MOM 显然是最优的选择。

但是，FOF/MOM 也不是一个完全没有门槛的行业，金融机构仍然需要建立 FOF/MOM 自身的策略选择体系。

CDO 是典型的通过资产与资产的组合来合成一个新的资管产品的模式，担保抵押凭证（CDO）是将 MBS 等资产甚至其他 CDO 的份额打包，并再进行分层，最终销售给客户的一种新型的资管产品，包括被动型 CDO、主动型 CDO 和合成型 CDO，每种 CDO 的投资策略与资产组合模式均不相同。

最常见的当数被动型 CDO，实际上就是再来一次资产证券化而已，目的是借用风险分散的原理，通过多样化投资和分层的方式降低风险，增强资产的吸引力。

主动型 CDO 则与被动型 CDO 不同，主动型 CDO 增加了投资经理的角色，投资经理主要负责将不同的资产加入或移出 CDO 组合之中，把 CDO 变成了一个类基金的管理工具。但 CDO 投资经理的交易频率明显低于基金经理，而且也不会对市场波动进行研究和预判，只是对底层资产的信用风险进行评价。这种模式非常适合那些流动性极差的资产，只要交易自身风险可控，除非遇到系统性风险，主动型 CDO 的净值将非常稳定。

合成型 CDO 则是金融工程的一大创举。由于收益来自风险，而风险又可以由其他资产来解释，那么一个金融资产就可以被分解为各类风险资产的组合，这就是合成型 CDO 的原理了，由于 CDO 的风险收益来自于无风险收益＋特定资产的信用风险，那么合成一个 CDO 就简单了，无风险收益可以靠国债，特定资产的信用风险可以靠卖出底层资产的 CDS（信用违约互换）来合成。

对冲套利的模式的本质还是与合成 CDO 一样，既然每个金融资产可以由其他金融资产来合成，那么只要金融资产和合成的资产存在着价差，那么对冲套利就能够完成。比如，持有国债现货的风险就是国债在持有期间的价格波动，以及持有期间的资金价格波动，那么只要完全对冲这些风险的资产组合，国债期货和利率互换的成本与国债现货的持有成本不一致，就存在套利的机会。

套利并不是一件随时都存在的事情，也不是一个收益绝对稳定的事情，但它确实提供了一种模式，让产品经理在产品设计上更加注重资产组合的调节。比如，在深耕需求方面，银行的产品经理可以设计出只做对冲套利的产品，这种产品对投资能力的要求通常较小，有些甚至可以制作成自动触发的程序策略，只要有了特色，依靠银行的销售渠道和外拓的销售渠道，做出自己的噱头仍然是一件相对容易的事情。

三、做产品设计的底层资产

FOF/MOM 模式是大多数金融机构转型都会选择的，是套利和传统产品与衍生品的结合。选择这条路好走且有特色，当然也是中小机构的不二之选，我们甚至可以憧憬一个繁荣的 FOF/MOM 市场。

上一节我们分析了资管产品的销售。资管产品的客户来自三大部分：普通客户及高净值、私人银行客户，企业客户和金融机构客户。在上一章的分析里提到过，代销业务是基本无法服务到金融机构客户的，但当金融机构客户都有了 FOF/MOM 等产品设计的需求之后，就创造出来了另外一个需求。

债券基金的底层资产是债券，股票基金的底层资产是股票，那FOF/MOM 的底层资产当然就是其他资管产品了。

既然那些既能够满足普通的个人客户及企业客户，又能够满足金融机构客户的需求，就被认为是好的产品，那么我们同样也可以遵循一样的逻辑，做出一系列满足 FOF/MOM 的需求的"好产品"。

上一节提到过 FOF/MOM 挑选底层资管产品的标准是，风险收益比较好、投资管理能力很高，或是产品极端风格化，让 FOF/MOM 的管理人只需要制定自己的策略即可。因此，对于缺乏投资能力，又想进入这个市场的金融机构而言，风格化就是产品设计的核心了。因为在传统的理财产品消失之后，货币基金打底、债券基金作为过渡、FOF/MOM 创新产品吸引客户是第一次产品设计，而噱头产品中，制作一些为 FOF/MOM 提供底层资产的产品就成了第二次产品设计。

此外，市场上还有哪些风格是市场需要但没有多大竞争，可以取得差异化优势的思路如下：

（1）"Short Only" 只做空。只做空可以是做空股票，也可以是做空金融衍生品或利用债券借贷做空债券。只做空的产品是一个细分化的产品，不像只做多的产品可以所有方面都包括，例如只做多的指数型基金，上证 50 或沪深 300 指数基金，这就是囊括各种方面的只做多类产品；但只做空的产品通常主要作为对冲的工具，例如 FOF/MOM 看好现在的股票大环境，但不看好房地产及家电股票，若存在房地产和家电股票的做空产品，这些 FOF/MOM 肯定会购买的。

只做空产品可以是被动型的，例如投资策略做空所有房地产股票或家电股票，作为对冲行业风险的好工具，也可以是主动型的，投资经理会主动寻找"坏公司"，进行反向下注。

（2）风险平价策略。风险平价策略通常是一直拥有非负收益，但市场容量不太大，收益不会太高的产品策略。不过这类策略通常也会成为 FOF/MOM 的打底策略，由于风险平价套利行为很少受到宏观环境的影响，不太受大类资产轮动的影响，已经能长期持续地提供正收益，因此既会受到个人、企业客户的青睐，又受到金融机构的喜爱。

风险平价策略在美国等金融市场相对发达的国家十分普遍，但在国内，由于风险平价策略受到传统理财产品的挤压，发展得并不好，但在传统报价型理财产品消失的大趋势下，风险平价策略显然也会逐渐走向舞台中央，受到金融机构的青睐。例如，在国内知名度非常高的、全球最大的对冲基金公司——桥水，它的全天候基金就是一只使用风险平价策略的基金，而风险平价策略也逐渐从曾经的第一代相当简单的股债组合（产品持有部分比例的股票资产，为了压低资产波动率，加杠杆持有部分债券资产）进化到了第二代风险因子的平价策略，它与第一代风险平价策略只在股票与债券之间进行选择这种单一的策略相比，第二代风险平价策略会变得更加个性化，也更能体现策略设计的实力。第一代策略会导致所有风险平价策略的产品的投资策略趋同，而第二代策略，由于不同的投资经理会设置不同的风险因子组合，其搭配出的资产组合也会更有个性。

考虑到全天候基金和其他风险平价策略的资管产品在美国的受欢迎程度，当传统预期收益型产品消失时，这种波动较低、收益尚可的产品在中国显然也会大行其道。

因此，提早进入风险平价策略对目前的蓝海市场打响知名度是相当增益的。

四、产品设计的发展顺序

投资能力稍好（拥有债券基金和货币基金类产品的管理能力）且精于产品设计的金融机构可以在建立渠道优势的基础上，选择产品设计服务作为特色化服务，提高知名度——但本质上，还是为了销售出更多的产品。

因此，在产品设计上，金融机构也可以通过产品组合的方式，满足客户的各种需求。例如，客户可以将自己持有的资管产品份额进行质押融资，金融机构也可以提供定制化服务，在传统资管产品的基础上加入某些特定资产，对冲特定企业客户的经营风险，例如在为钢铁厂商设计产品时，可以引入期货组合，有保护地看跌钢厂利润，以对冲厂商的经营风险。

我们总结一下，货币基金类的现金管理产品是产品设计的首选，在此基础上，结合本机构的业务特点，将本机构的其他产品与资管产品结合，满足客户的各类需求，而如果金融机构的投资团队充裕，货币基金类产品和债券基金类产品的投资需求能够满足之外，还有富余的投资及研究能力，银行就可以考虑增强自身名气和影响力的拳头型产品了。

拳头型的产品有两种，一种是传统的 FOF/MOM 型产品，另一种是为 FOF/MOM 提供"弹药"的产品。如果金融机构的研究能力不足，那么应精耕某一领域，例如，只做风险平价策略的 FOF/MOM，甚至只做量化套利策略，毕竟这些策略都是能够提供较为稳定的长期正收益，对传统的银行理财客户而言，也是相对容易接受的策略；如果金融机构的研究和投资能力强大，或愿意在投资管理上投入大额资金，那么可以提升一下自己的管理能力，找准细分市场才更容易开发爆款产品。例如可以做行业细分的只做空基金，或者主动管理的只做空基金类产品，这样可以迅速扩大影响力；如果投资能力再强一些，那么就可以进行一些主动的投资，银行可以自己制作一些策略，自己运用被动型产品，例如指数的做多和做空基金类产品，组装 FOF/MOM；如果金融机构的投资能力更强一些，那么可以进行 FOF/MOM 的主动管理了。银行自己制作投资策略，自己制定产品的评价标准和管理方式，将主动型和被动型资管产品都纳入投资范围之中。

做产品设计的基础还是金融机构所掌握的客户、客户结构，以及自身的投资能力。对那些从资金池产品管理过渡到净值型产品管理的金融机构而言，由浅入深，先从货币基金开始，稳定基本盘显然是非常重要的。

第四节　投资能力的建立

以往只关注信用风险和流动性风险，甚至将信用风险管理的工作外包给委外机构的传统资金池类产品，要转变为既要关注信用风险，又要必须时刻关注市场风险，在持仓和管理上必须时刻注意净值波动和流动性风险的净值型产品，对发行和管理资管产品的金融机构而言，最容易想到需要补强的，或者说大家认为最核心当数投资能力的建立。

投资能力是未来资产管理行业的核心竞争力，但就像销售管理能力、渠道管理能力或产品开发设计能力等一系列可能成为核心竞争力的部分一样，投资管理能力的建立和优势的形成通常不是一个一蹴而就的事情。很多金融机构的管理者把投资研究能力的建设和优势的形成想得过于简单，似乎花重金买来明星基金经理、投资经理或交易员就能够补足投资的短板。

事实上，就像基金公司那样，虽然最为闪耀和惹眼的是基金经理，但基金经理能获得的成就并非其一个人的功劳，背后往往还有为数众多的研究员、运营支持、风险管理人员在支持他。

金融机构的资产管理业务通常规模庞大。一家规模很小，产品单一的小型银行一般也会管理超过几十亿的资产，这通常就已经是一家中型私募机构的管理规模了，更不用说那些管理上万亿元理财产品的商业银行了。这么大的资产管理规模，其运营模式必然不会像私募基金那样，把大量运营、风险管理和研究等工作外包给其他金融机构。

以往，由于资金池类产品的盈利模式并不是"投资管理能力"，而是流动性管理、销售管理和金融机构品牌的管理。毕竟与具体项目融资类资管产品的刚兑必须要由金融机构兜底，影响金融机构资本充足率不同，资金池类产品的刚兑是金融机构提供"信用"，客户与客户之间实现担保，赚了或者亏了对金融机构自己的资产负债表都没有任何影响，客户也许诺了预期收益而不关注投资能力，自然金融机构在发行资管产品的时候就不会太关注投资管理能力了。

可在《指导意见》之下，资金池类产品必须逐步清理，"刚性兑付"也将被打破，以往那种不在乎"投资管理能力"的模式显然走不通了，传统的完全将投资管理、风险管理和结算估值外包给委外机构的模式也会在实际操作中让产品失去竞争力。因此，对于想要发行自己产品的机构来说，建立自己的投资管理体系非常重要。

一、兵马未动，粮草先行

或许是因为金融媒体、影视作品和基金公司的误导，人们总是把投资管理能力归功于某一个创始人、明星基金经理或明星研究员，似乎投资管理能力的建立十分简单：花重金挖来相应的投资大师即可。

如果真是这样，对金融机构而言这未免也太简单了。金融行业的确注重人力资本，其行业差异化和门槛除了牌照的门槛之外，明面上几乎就是人力资本的门槛了。

可是，明星基金经理和投资大师并不能解决所有问题，金融投资是一个十分系统、精细分工的行业，尤其当涉及大额资金时，其精细分工的特点就更加明显。所以投资大师良好业绩的背后，也不完全是自己一个人的功劳，还有一大批研究员、风险经理、运营经理、交易员的协同作用。

所以，挖一个投资大师很可能是一件费力不讨好的事情。有不少明星大师在离开原有公司之后，业绩都不再如从前那么星光熠熠，令人不得不感叹"橘生淮南则为橘，生于淮北则为枳"。

产生这种差别的最主要的原因是投资大师很难独立存在，尤其是当管理上百亿元、上万亿元资产的时候，就更加不可能独立存在了，必须要在制度上和组织上给予投资决策的制定者以支持。

这便是大型金融机构的资管业务和家庭作坊式私募基金的差别。私募基金通常只为一个产品或几个同类型产品服务，募集资金较少，且投资策略单一，而且其运营管理、风险管理等"粗笨重活"都可以外包给其主经纪商（Prime Broker）或托管商；但金融机构的资管业务则很难如此运营，一则其规模庞大，如果不建立自己的投资研究、运营管理和风险管理等团队和职能，很容易在这些方面受制于人，且也很难实现规模经济；另外，金融机构面对的客户需求多种多样，因此其投资策略显然也会因客户的不同需求而改变，这也要求金融机构保持规模经济下的投资策略多样性。

所以，在资金池模式之下，投资策略单一且简单，对估值清算、风险管理等支持业务要求不高，同时可以借用金融机构母体的风险管理、运营管理资源，金融机构的资管业务可以实现人均管理规模上亿元甚至上百亿元；但在新的模式下，人均管理规模会不可避免地下滑，这是多挖几个明星基金经理和明星研究员就能够解决的问题。如果把明星投资经理、研究员这类直接参与投资研究业务的人力资本比作兵马的话，那么中后台支持、企业文化就是粮草了。

二、建立资管业务的文化

在美国，有一家银行有着耀眼的"出身"、显赫的"背景"，经历了数次危机也屹立不倒，在 2008 年金融危机期间，它也是唯一一家不需要政府救助的华尔街大型银行（富国银行虽然也不需要救助，但其总部并不在华尔街），更难能可贵的是，这家银行并不偏科，零售业务、公司业务、投行业务与资管业务四处开花，各自领跑各类业务榜单或名列上游。

摩根大通的发展历史可以说是一部收购和分拆史，通过有目的地收购竞争对手和整合业务、分拆团队，摩根大通建立起了四大业务条线：零售与社区银行、公司与投资银行、商业银行、资产管理，并在这四大业务条线里都跻身前列。公司存款全美第二、信用卡全美第一、私人银行全美第二，不论是固定收益还是股权类的投行业务均名列全国第一、资管业务全球第六。

但是，在形成这个业务庞大且样样精通的巨无霸之前，摩根大通经历过多次并购，直至 2004 年才初步完成自己的版图。

随后，摩根大通开始梳理其业务，将其主要业务分离为四个板块：零售与社区银行（零售银行业务）、商业银行（传统企业银行业务）、公司与投行业务（投资银行业务）以及资产管理业务。将各类不同的业务独立出来，在组织结构和企业制度上予以分离，除了因循监管机构非常喜爱的"栅栏"原则外，更重要的是，不同的业务会形成不同的文化和制度，也因此能够保证业务的发生。

例如，零售业务和资产管理业务的经济周期性一般不强，尤其是零售业务，其业务、损失与资金来源均十分稳定，资产管理业务虽然受到金融市场波动的影响，但总体来说，还是一个跟长期增长有关的业务；而投行和企业金融业务则是明显的顺周期业务，业务量、坏账率和资金来源均与经济周期、金融环境息息相关。

零售业务与企业金融业务均为表内业务，资产扩张与表内资产负债表的各类指标，尤其是最为重要的净资本密切相关，在日常经营中员工会面对大量客户，很难建立亲密的关系，主要依靠的是银行的平台和品牌，因此在人力资本配置上更注重集体主义而非个人英雄主义，由于人均产出较低，员工收入也较投行、资管业务低；而投资银行和资产管理业务则正好相反，虽然这两个业务板块也需要大量的运营等中后台人员的支持，但总体来看，由于投行与资管业务主要面向金融市场、大型机构和企业，员工在工作中会与客户建立亲密关系，或对技术水平的要求相当高，个人的能力可以影响公司的业务，所以企业文化和人力资本在配置上更注重个人英雄主义而非集体主义。

最为重要的是，投行与资管业务作为表外业务，其对于资本充足率的影响是较低的，也因此带来了较高的净资产回报率和经济增加值。

各种业务的不同导致了各个条线之间形成了不同的制度和文化。例如在资管业务和投行业务里，由于均为表外业务，在金融监管和风险管理方面与传统的表内业务有较大区别，因此形成了特殊的组织结构。在投资银行领域，组织结构相对扁平，内部以小业务团队为单元，竞争激烈；资管行业以投资决策人员为核心，发挥规模经济建立研究、交易、风险管理和运营团队；而零售和企业金融业务则与金融机构本身密切相关，公司不会围绕"投资决策人员"或"业务团队"打造组织结构，而是以核心业务为中心安排人力资本，也形成了表内业务多为"螺丝钉"和"销售"的感觉。

因此，对于金融机构而言，资管业务的文化本身是决定资管业务转型成败的核心，尤其是那些原来的企业文化与资管业务相抵触的金融机构（主要指商业银行），《指导意见》要求主营业务不包括资产管理业务的金融机构应当设立具有独立法人地位的资产管理子公司开展资产管理业务，强化法人风险隔离，暂不具备条件的可以设立专门的资产管理业务经营部门开展业务。这既是为了强化风险隔离，也是要求建立不同的企业文化。

只有建立了资管业务的企业文化，面向自营投资、交易的传统风险管理文化才能逐渐转变为面向资管业务的风险管理文化，在组织结构、薪资水平方面，资管业务的企业文化也能保证资产管理业务部或资管子公司能够符合资管行业的发展趋势，给予投资、研究和销售较高的正向激励等。

这对于"薪酬制度公平性"十分敏感的商业银行而言十分重要。

三、对"统一授信"的不同认识

近年来，由于我国金融资产规模的快速膨胀，特别是银行表外的信贷资产规模增速较大，导致面对同一家融资主体常常会自营投资购买了其发行的债券或非标资产，信贷部门又对其放了贷款，理财部门又购买了其非标资产，自营、信贷、理财对同一个融资人的风险敞口超过了银行对该融资人的授信额度。

这对于监管机构而言显然是一个挑战，银行为此承担了超过其设定的风险。因此，在要求同业业务必须"实质重于形式"的〔2014〕127号文之后，监管机构又发布了银监〔2014〕140号文，要求对同业业务穿透到底层进行授信——也就是说，在140号文后，银行机构购买的除公募基金之外的资管产品、同业资产都必须穿透到底层资产进行授信管理。

也就是说，当A银行购买了B银行理财的时候，A银行不光须按照B理财所投资的资产类别记录风险占用，同时还应该对B理财所投资的所有承担信用风险的资产进行授信，这就创造了两个难点：第一，若A银行是区域性银行而B理财是全国甚至全球配置债券，这导致B理财的持仓之中始终有A银行未能覆盖的资产；第二，A银行是全国性甚至全球性银行，B理财的所有持仓在A银行处均有授信，但某些资产是A银行与B理财同时看好且超配的，导致A银行与B理财在该资产的配置总量上超了授信限额。这两个难点使得140号文在实际操作过程中很难实现。尤其是第一个难点，A银行是区域性银行，未能覆盖所有融资主体，要严格执行140号文，市场上绝大多数交易都将被冻结，市场将面临流动性匮乏。

而在自营投资同业资产需要穿透授信之前，银监〔2013〕8号文早已要求银行理财在投资非标准化债权资产的时候必须"比照自营贷款流程"，在实际操作中，不少银行和地方监管机构把"比照自营贷款流程"认为是像自营贷款那样授信，事实上这也导致了以商业银行为主的金融机构在进行资产管理业务的时候，使用与自营相近的投资策略、风险管理偏好以及风险管理制度，这无疑是与资管行业的发展背离的。资管行业面对的是不同的投资人，而非银行本身，也不是由金融机构来承担资产的信用风险，而是由投资人来承担，资管产品的管理人只需要勤勉尽责即可。

在银监〔2016〕42号文中，监管机构强调了"由银行承担信用风险的业务"都必须进行统一授信，而在不少银行和地方监管局看来，银行理财需要承担信用风险的资产，也必须纳入统一授信之中。

这种监管思维在以往的实践中是有益的，尤其是在2013年、2014年和2016年前，《指导意见》还没有出台，资金池模式还没有找到有效监管办法的年份，资金池产品的终极风险与金融机构的声誉挂钩，表外的资管风险自然是可以转移到表内的，但如今资金池业务已被监管机构限制，再泛化"统一授信"，把银行理财投资和自营机构购买非项目融资类资管产品也纳入穿透统一授信的范畴，就显得有些不合情理了。

在资金池时代，资管产品都是有预期收益、固定期限的，投资者可以根据合同约定获得现金流和本金，因此金融机构通常按照企业会计准则把产品放入"持有至到期"的银行账簿，承担信用风险，按照规定必须进行统一授信管理。

这些资管产品并非一个实体，也没有可以支撑其履约的支持力量，在授信管理上缺乏主体，因此，金融机构在对资管产品进行授信管理的时候，必须要穿透到投资的底层资产，并对这些底层资产进行授信管理。

这虽然从逻辑上说得通，但却并不是一个好办法。金融机构购买这些资管产品的时候其实并不是承担的底层资产的风险，或者不完全承担底层资产的风险。比如，当资管产品踩雷或亏损时，只要资管产品还能继续募资，在资金池模式之下，该亏损也不会显示在投资人或管理人的资产负债表上，而一旦募资和流动性出现问题，损失也不是由所有投资者按照出资比例共同承担。

不过，在资金池模式之下，"穿透到底层"进行授信管理，可能也是最为合理的次优办法了，而资金池类资管产品由于管理人向投资人间接承诺收益，使得资管产品的刚兑风险与金融机构的声誉风险混合。换句话说，金融机构也有可能承担资管产品的损失。因此，在这种情况下，把资管产品承担信用风险的投资纳入金融机构的统一授信管理框架内，也是一种说得通的理论。

但是，在《指导意见》打破资金池模式之后，再实行"统一授信"，甚至把资管产品的投资也纳入统一授信管理范畴，就变得不合时宜了。

回到授信业务的最初上，不论是〔2014〕140 号文还是〔2016〕42 号文，监管机构对授信业务的要求均为："银行业金融机构承担信用风险的业务"，也就是说，只要银行业金融机构不承担信用风险，那么就不应该对其使用授信，这一原则不光在〔2014〕140 号文中有体现，在〔2016〕42 号文中同样也有强调。

转变为净值型产品之后，产品自然也不能提供预期收益率，投资者也不能再将其放入"持有至到期投资"这一银行账簿中获得利息收入，而是基于其净值不断变动，将其放入交易账簿，获得投资收益，而放入交易账簿的金融资产，在非极端情况下（如无法变现），将只承担市场风险，不承担信用风险，所以理论上对这类资产，只需要做风险暴露管理，而不需要做授信。

换句话说，除了针对单一非标资产、单一债券所发行的资管产品之外，由于预期收益率的消失，资管产品再也无法放入"持有至到期投资"这个科目并使用摊余成本法进行估值，自然也没有必要再穿透到底层资产进行授信管理，而应该按照《商业银行大额风险暴露管理办法》的相关规定，给这类资产设定风险限额。

另外，净值化之后，产品投资业绩完全展示给客户，资管产品也由此打破了"刚性兑付"，资管产品的风险无法再转移给管理人，除了操作风险，金融机构似乎不会再从资管业务中承担别的风险了，尤其是授信业务最为看重的信用风险。所以，从这个角度上说，资管产品与金融机构之间的联系被完全斩断，自然也不应该再适用金融机构自营的投资标准。更何况这种投资标准其实束缚了资管业务的发展。

资管业务与自营业务并不一样，如果都是管理资产，那么自营业务实际上只针对一个客户金融机构本身，因此其投资范围、投资策略、风险管理、运营管理等模式都是围绕自营投资严格打造的。而资管业务则完全不同，资管业务将会发行很多产品，每一个产品都对应着特定的客户群，而每一个产品都有着不同的客户，他们也有着不同的风险偏好和投资范围。因此，对于资管业务而言，最重要的一点是，基于资管产品的合同要求实施风险管理政策。例如，除非作为抵质押物，股票资产是绝对不会出现在"统一授信"的框架之下的，但是在资管产品中，股票可能是主要的投资品种之一，也有不少的投资者愿意去承担商业银行金融产品的风险而不愿意承担股票市值波动的风险。

既然股票可以突破"统一授信"的框架限制，那为什么债券不可以呢？一方面，从资产的角度出发，由于股票不存在固定的到期日（股票假设公司永续），是无法被放入"持有至到期投资"科目的，自然也不能够适用摊余成本法承担信用风险，可其他资产，尤其是债券和非标准化债权资产，这些资产是可以放入"持有至到期投资"科目，以持有到期获取合同现金流为目的的，金融机构持有这些资产，是可以规避市场风险，只承担信用风险的。

但是，对于资管产品的管理人而言，资管产品净值化改革之后，"刚性兑付"已经被打破，管理人从任何层面上看，都不会再承担产品的投资风险，既然如此，"统一授信"监管也不应该扩大化至资产管理领域——这自然也是银保监会的监管意图。

因此，从直观上看，《指导意见》之后，资管产品将强行使用公允价值法，信用风险被转变为市场风险，且"刚性兑付"被打破，对资管产品而言，管理人不再承担"刚性兑付"带来的损失，无论是股票还是债券都不应该再参考自营的风险管理制度，纳入"统一授信"范畴。

另一方面，净值化之后，资管产品采用公允价值，不再提供预期收益率，因此不能再放入"持有至到期投资"科目，应放入银行账簿的"可供出售"和交易账簿的"交易性资产"之中（在 IFRS9 新规则中，金融资产由四分法转变为三分法，不能提供利息现金流的资产将只能被放入"以公允价值计量且其变动计入当期损益的资产"（FVT-PL），这意味着新规则下大量以公允价值计量的资管产品会被放入FVTPL科目，进入银行交易账簿，而一旦资产被打上"交易资产"的标签，在会计上则会被认为金融机构持有这些资产的目的是获取价差，金融机构为此承担市场风险而非信用风险（某些交易账簿的金融资产可能存在交易对手的信用风险），自然也无须纳入"统一授信"的管理框架之中。

可是有一类资产是除外的，在《指导意见》之中，有两类特殊情况被认为可以不使用公允价值法，（一）资产管理产品为封闭式产品，且所投金融资产以收取合同现金流量为目的并持有到期。（二）资产管理产品为封闭式产品，且所投金融资产暂不具备活跃交易市场，或者在活跃市场中没有报价，也不能采用估值技术可靠计量公允价值。这两类特殊情况其实都指的是一种模式。封闭式资管产品在不错配（即产品到期日不早于资产到期日）的情况下，买入标准或非标准的债权类资产，标准债权类资产主要指的是各类债券。

由于产品可以获准使用摊余成本法，那么产品净值则会表现出相当稳定的走势，资管产品的现金流也是可以确认的，而且也是以持有到期作为目的的，那么便可以放入"持有至到期投资"科目或者新规则下"以摊余成本法计量的金融资产"（AC）科目。

当金融机构在购买这一类使用摊余成本法计量净值的资管产品的时候，由于缺乏流动性，它会将其放入"持有至到期投资"或AC科目，需要穿透到底层资产，纳入"统一授信"的范畴。其他使用公允价值法的资管产品，既然不存在信用风险，自然也不需要纳入"统一授信"的范畴。

对资管产品的管理人而言，不论是产品的计量方式、使用摊余成本法还是使用公允价值法，只要"刚性兑付"被打破，对管理人而言，其只有管理的职责，而不承担资产波动带来的收益和损失，所以管理人不应该与自营合并，纳入"统一授信"的范畴。

但如果资管产品的投资不纳入"统一授信"的范畴，甚至不使用与自营一致的风险管理尺度，那金融机构应该怎么管理资管产品的风险呢？这对于已经对资管业务相当熟悉的金融机构而言自然不是什么问题，但是对那些不太熟悉资管业务的金融机构，就很难想象如果不依托，资管产品的风险管理应该怎么做。

其实，资管产品完全可以使用另外一套方法，既做到了与产品风险偏好——对应，又能尽职管理产品的投资风险，即白名单制度和风险限额。如果把单只产品看作一个投资范围固定的金融机构，那么自然就需要对其投资的投资范围和投资限额进行严格限制，否则达不到尽职管理的标准。

可是，单只产品的规模太小，且金融机构只赚取管理费而非投资收益，远远达不到规模经济的地步。所以，资管业务必须为多只产品建立一套研究、风险和运营的体系才行，而对于投资研究和风险管理来说，普适的体系就是分层式的白名单制度。

所谓分层式的白名单制度是指对待不同的资产，为其划分不同的风险等级，并与产品的风险等级相对应。举个例子，当资产的风险等级为 4 级时，设计风险等级为 3 级的资管产品便不能投资该资产；通过设置不同层级的白名单，金融机构实现了对多个产品的统一管理。

四、投资能力的建立：由浅入深

与产品设计能力的建立模式一样，投资能力也需要循序渐进，由浅入深地进入投资领域。对于投资者而言，新入者本来就不守信任，若是在投资管理上没有自己的特色或做得不好，"三板斧"没有玩好，自己招牌砸了想再重新建立可就没那么容易了。

好在"投资能力"是一个后验的能力，在投资业绩公布前，投资者是无从发现管理者的投资能力的，而且投资业绩也不完全是投资能力的作用：市场进入牛市，恰好买入强势资产等运气成分也会造成投资业绩发生很大的不同，这对新进入者来说是好事也是坏事。好事在于当《指导意见》让所有机构都回到同一条起跑线的时候，市场很难依照以往业绩来推测谁的投资能力强谁的投资能力弱；坏事则在于强烈的信息不对称可能导致投资者进行逆向选择，投资者会选择那些收费最低或业绩基准最低的产品。

所以，对于金融机构，尤其是还在逐步建立自己投资能力的金融机构而言，需要在客户需求和投资管理难度之间进行选择。不过万幸的是，客户需求最大的产品恰恰是投资管理难度最小的产品——货币基金。

货币基金是在美国石油冲击和大滞胀时期发扬光大的一种基金，它最大的特点是与存款存在部分的替代性。它能投资收益更高的大额存单和同业存单，同时也能像存款那样使用摊余成本法估计产品净值，这一条与现在中国资管市场上风行的资金池类产品非常相似，也是净值波动最小，盈利相对稳定的资管产品，除了在极端环境下，货币基金几乎没有亏损的可能。

另外，货币市场基金也是投资操作相对来说难度最低的基金，投资经理或基金经理更多地关注资产的流动性，而非像股票基金经理那样更多关注市场波动；而且，由于货币基金使用摊余成本法的特殊性，货币基金在投资范围和风险限额上的管理要比其他产品受限得多，具体来看，

货币市场基金应当投资于以下金融工具：

（一）现金；

（二）期限在1年以内（含1年）的银行存款、债券回购、中央银行票据、同业存单；

（三）剩余期限在397天以内（含397天）的债券、非金融企业债务融资工具、资产支持证券；

（四）中国证监会、中国人民银行认可的其他具有良好流动性的货币市场工具。

货币市场基金不得投资于以下金融工具：

（一）股票；

（二）可转换债券、可交换债券；

（三）以定期存款利率为基准利率的浮动利率债券，已进入最后一个利率调整期的除外；

（四）信用等级在 AA＋以下的债券与非金融企业债务融资工具；

（五）中国证监会、中国人民银行禁止投资的其他金融工具。

货币市场基金投资于相关金融工具的比例应当符合下列规定：

（一）同一机构发行的债券、非金融企业债务融资工具及其作为原始权益人的资产支持证券占基金资产净值的比例合计不得超过10%，国债、中央银行票据、政策性金融债券除外；

（二）货币市场基金投资于有固定期限银行存款的比例，不得超过基金资产净值的30%，但投资于有存款期限，根据协议可提前支取的银行存款不受上述比例限制；货币市场基金投资于具有基金托管人资格的同一商业银行的银行存款、同业存单占基金资产净值的比例合计不得超过20%，投资于不具有基金托管人资格的同一商业银行的银行存款、同业存单占基金资产净值的比例合计不得超过5%。

货币市场基金应当保持足够比例的流动性资产以应对潜在的赎回要求，其投资组合应当符合下列规定：

（一）现金、国债、中央银行票据、政策性金融债券占基金资产净值的比例合计不得低于5%；

（二）现金、国债、中央银行票据、政策性金融债券以及5个交易日内到期的其他金融工具占基金资产净值的比例合计不得低于10%；

（三）到期日在10个交易日以上的逆回购、银行定期存款等流动性受限资产投资占基金资产净值的比例合计不得超过30%；

（四）除发生巨额赎回、连续3个交易日累计赎回20%以上或者连续5个交易日累计赎回30%以上的情形外，债券正回购的资金余额占基金资产净值的比例不得超过20%。

由此可见，货币基金在投资范围上本就没有给管理人多少自由度，更考验了管理人的流动性管理能力，这对于那些投资能力和风险管理能力较强的管理人来说固然是一种束缚，但是对投资能力不强，以及刚刚进入投资管理这个领域的管理人来说，这种限制降低了投资管理能力高低对产品的影响力。

因此，对于那些刚刚涉足投资管理行业的管理人来说，发行货币基金型产品，获取监管机构的"估值"红利是非常重要的，更何况货币基金型产品本来也是市场认知度最高、销量最好的产品：规模超过万亿的余额宝便是货币基金类产品。

利用货币基金型产品进入投资管理行业并熟悉投资研究操作之后，金融机构才可以根据自身禀赋和对资产的熟悉程度，决定接下来的发展方向，若无货币基金，则没有之后产品的根基。贸然从一开始就发行债券基金型产品或权益类基金型产品，既不能做大，也很难做强，实在不是一条好的选择之道。

第五节　金融机构的转型挑战

对资管行业而言，《指导意见》对其发展的方向指出了一条道路，而蓬勃发展近十年的资金池模式则需要在未来三年内逐渐消亡，在鼎盛时期作为重要融资手段的非标准化债权融资方式也会受到监管层的强烈挤压。

传统模式消亡，新型道路难走，《指导意见》留给资管行业的时间并不多，投资者应考虑《指导意见》发布后对金融行业短期和长期的影响，具体来说，则是短期关注资管产品的资产处置，长期关注资管行业的业态发展。

不过，在讨论资管产品的资产处置、在《指导意见》之前，占据领先地位的资金池模式资管产品是怎么进行投资的这个问题值得思考：

根据《中国银行业理财市场报告（2017年）》的统计，在银行理财这一典型的资金池类产品所投资的资产中，债券占比达到42.19%，非标资产达到16.22%，现金及存款达到13.91%，拆放同业及买入返售超过9%，考虑到债券资产使用摊余成本法进行计量，银行理财投资债权类（债券及非标资产）规模占比超过58%，货币市场工具超过22%，总的固定收益类资产投资占比超过80%。

若考虑占比9.47%的权益类资产和占比9%的拆放同业及买入返

售类资产中，仍有大量异化非标（如带有差额补足协议的股票定增和拆放同业中的同业借款），债权类投资规模极有可能达到70%。具体情况如表7-1所示：

表7-1 典型的资金池产品的资产配置情况

成分	占比（%）
利率债	8.11
信用债	34.08
非标资产	16.22
现金及存款	13.91
权益类资产	3.16
股权类非标	6.32
拆放及回购	8.99
其他	9.21
合计	100.00

资料来源：兴业研究，银行业理财登记托管中心。

由于资金池类产品存在着刚性成本，且通常使用摊余成本法对所持有的资产进行估值，因而对资金池类产品而言，重要的不是预测市场，而是资产的现金流入（即静态收益率）大于资金的现金流出（即产品的预期收益率），因此，对于资金池而言，保持较高的静态收益率是一件很重要的事情。对资金池产品而言，从产品里获得的不仅是固定管理费，还包括资产资金利差的那一部分。

所以，资金池类产品在投资的时候，会选择在保证违约概率较小的前提下，收益率越高越好，这必然将会导致资金池投资了很多期限较长或流动性较差的资产，如信用债投资中资金池类产品投资了大量的长久期债券，以及各种非标和类非标权益类、货币市场工具类产品。

而基金等净值型，尤其是公募基金的投资则恰好相反，我们已经谈到了和资金池类产品在估值上比较接近的货币基金的投资范围和限制，而债券基金的投资限制虽然不如货币基金那么严格，但由于净值型产品时常公布净值，而产品又开放申购赎回，资金的稳定度不由自身决定，而是由市场波动和客户申购赎回来决定。与资金池产品的流动性缺口相对确定不同，净值型产品的资金不稳定，导致管理人不得不更加注重资产端的流动性，投资更多的流动性资产。

因此，资金池产品注重收益，净值型产品注重的流动性反映在资产配置上，资金池产品的资产更"重"，而净值型产品的资产更"轻"，轻重的转换必然会导致金融市场和金融机构发生不小的变化。

那么，当资金池产品转变为净值型产品时，必然会带来资产的调整，有些不符合净值型产品投资范围的资产或许需要处置并带来损失，这些调整的行为必然会对金融业短期内造成冲击，而更重要的，短期冲击之后，资管产品的投资逻辑完全发生变化，又会对金融业造成什么影响呢？

在讨论这个问题之前，我们需要首先了解的是资管行业里究竟有多少是需要调整的。

从资产端的角度出发，我们可以发现这些资产是无法在过渡期内持有到期解决，而必须得在过渡期中进行处置和化解的：

（1）过渡期后仍然无法到期，但由资金池持有的非标资产；

（2）过渡期结束时仍然存在较大市值亏损的债券和股票资产；

（3）无法化解的不良资产；

（4）以互持为目的的金融机构资本工具。

以及过渡期后剩余期限依然超过 3 年的流动性较差、评级较低的债券等。

本书将以资产类别展示推演过程：资管行业的全面转型对金融业和金融市场都将发生重大的改变，金融机构将面临几大挑战。

一、资产亏损问题

资金池类产品与净值型产品相比，最大的特点在于不怎么考虑市场风险，更多的是考虑资产收益率的问题。这的确犹如坐标的两端，更多考虑资产收益率必然导致产品将承担更多的市场风险，而更多地考虑市场风险，则会导致产品的收益率不足，不过资金池产品可以不公布净值，或者公布以摊余成本法计量的净值。

这些外部和内部的环境造成资金池类产品在进行投资的时候，购买了很多期限较长、评级较低的资产。这带来了两个问题，一是资金池类产品的投资一直都是"追风筝的狗"，由于购买的资产期限较长而产品的期限较短，资金池类产品总是在不停地追逐产品的资金成本，这也导致投资管理人在预测不了一年内、三年内、五年内资金走势的情况下进行逆向选择，承担更多市场风险，买入收益率非常高的资产；二是虽然资金池类产品不使用公允价值进行计量，但这些资产毕竟是有公允价值的，不使用公允价值进行计量颇有一些"掩耳盗铃"的意味，不管管理人是否关注公允价值计量的净值，它就在那里，而持有了过多市场风险过大的资产（如期限长的资产和评级较低的资产所承担的信用风险就过大）的后果就是，一旦市场出现反转，其以公允价值计量的净值就会下降得非常厉害。

不幸的是，在转型前夕，这两个问题都发生了。

2015年股票市场崩盘后，资管产品将大量资金投入债券市场，引发"资产荒"，让债券收益率快速下行，也让资管产品不得不持有大量长久期低评级债券。导致资产越来越重的同时，这些长期资产的收益率却并没有多高，仅能匹配当时的资金成本。

2016年监管机构主动引导利率上行，资管产品这种依赖短期资金的投资模式就受到了很大的打击。短期资金收益率上行，但已经买入了的长期资产收益率却已经固定，如果不继续加大对高风险资产的投入，那么资产收益率很快就不能覆盖资金的成本。

2016年末至2018年初，债券"牛市"戛然而止并快速走"熊"，这些资管产品所持有的长期资产和低流动性资产在这一轮熊市里损失惨重。在此前也没有过这种时候，2013年"钱荒"的时候，资管产品的净值也损失惨重，但靠着超高的利差（购入了更多新资产，新资产收益率大幅超过资金成本），还是很快能够弥补净值上的损失，但这一次不一样。

由于在资产荒阶段资管产品买入了过多长久期却低利率的资产，导致资管产品出现了利差和净值的双杀，其亏损程度更加严重——截至 2018 年，由于去杠杆政策又导致了信用债的下杀，资管产品的亏损状况很可能是全行业的普遍现象。

过往的资金池模式是不用担心亏损的问题的，因为"刚性兑付"对资金池而言只是一种信仰和流动性风险，只要资金池能够继续滚动，后来的投资人始终都会给先到期的投资人做担保，"刚性兑付"既不会造成谁的账面损失，也不会引起冲突。

净值型模式也不用担心，因为管理人压根就没有明示或暗示存在着可能的"刚性兑付"，甚至可以说管理人从一开始就已经告诉投资人没有"刚性兑付"了，所以投资者对此有预期，亏损了也不怕。

可是从资金池模式转向为净值型模式的时最重要的问题是，损失应该由谁来承担？

由现在的投资人来承担吗？这会导致严重的收益风险不匹配：举个例子，A 资管产品投资了某只债券，该债券从 2017 年开始便逐渐恶化，净值一路下跌至 30 元（票面价值 100 元），直到 2020 年底的时候，该债券融资人宣布无力偿还，只能以 30 元的单价回购该证券。那么这亏损的 70% 应该由谁来承担呢？由 2020 年底仍然存续的那一批投资人来承担吗？

可是损失从 2017 年就开始发生了，为什么之前的那些投资人都能足额拿到自己的本金和收益，轮到最后一批投资人就不行了呢？更何况，在最后一批投资人的持有期内，这只债券从 50 元跌到了 30 元，理论上也只需要承担 20 元的损失，为什么会是 70 元的损失呢？

应该由金融机构来承担吗？首先对于金融机构而言，其资管的规模和资管产品亏损的规模可能会大于其当年净利润甚至多年的未分配利润，金融机构只收不到 1% 的管理费却要承担产品亏损的所有风险，这并不合理。

更何况，如果由金融机构来承担这些风险，那么是否真正构成了与《指导意见》相悖的"刚性兑付"行为呢？

如果不对以前遗留的资金池产品进行"刚性兑付"，那么对于机构而言，打破"刚性兑付"之后的资管业务刚起步就要因净值下滑而出师不利，而且以往的资金池类产品通常是暗示存在"刚性兑付"的，如果贸然转型，不给"刚性兑付"，甚至说直接亏损，是否会给金融机构的声誉造成影响？

对亏损资产的处置问题是资管业务转型的第一要务。这些亏损资产占比可能最大，变数也最多。其他需要处置的资产早在《指导意见》颁布之时便已大体确认，然而亏损资产的范围和容量却直到最后一刻都没法清楚认知，令管理人万分头疼，假若提早确认损失，认赔出场，却在过渡期结束前夕开始反转的大牛市，这损失由谁承担，收益又由谁品尝？若是一直咬牙坚持到过渡期的最后一刻才发现深陷泥沼，快速的资产减记谁又能受得了呢？

因此，笔者推荐，对于已经亏损的资产，应提早计划，将亏损额平摊到每一财年，不管是由投资人承担还是由管理人承担，平摊到每一财年总比一次性减记的冲击要小，声誉风险要低。

二、非标资产的处理方式

非标准化债权资产是资管产品的传统投资范围，也是投资占比较大的资产，包括了传统的信托贷款、委托贷款、资产或收益权买入返售等资产，以及明股实债等新型类债权资产，在资金池类资管产品所投资的资产组合里占比超过约25％。

按照新的监管要求，非标准化债权资产的投资限制主要在估值和期限错配的问题。传统的资管产品，尤其是只投资单一非标资产的资管产品通常是没有估值，或不对投资人公布净值的，而如今按照新的监管要求，资管产品必须公布净值，投资单一非标资产的资管产品必须按摊余成本法估计净值。

另外，《指导意见》要求投资非标资产的资管产品，"封闭式产品的到期日或开放式产品的最近一次开放日不得早于资产的到期日"，因此那些放入资金池中，募短买长的非标资产必须从资金池中析出。也就是说，产品如果不符合净值要求、资产不符合期限匹配原则，就都需要整改。

由于监管机构留下了截至 2020 年底的过渡期，在过渡期内，不合规的老模式仍然可以延续下去，因此，实际上需要处置的非标资产则是在过渡期内仍然无法到期，且被资金池类产品所持有的资产，以及在资金池转变为净值型产品的过程中新增的非标资产处置需求。例如，资金池类产品制定了每一年减少 1/3 的要求，有些非标资产可能来不及到期就必须要转让，但这种需求应该较小，非标资产如果即将到期，是没有处置的必要的，而且非标资产的流动性较差，处置起来的摩擦成本也相应较大。

这部分资产的处置方法一共有以下 3 种方式：

（1）银行新发封闭式资管产品购买资金池所持有的未到期的非标资产。举个例子，A 银行的存量资金池产品 B 持有了 C 非标，该非标到期日为 2021 年底。至 2019 年底的时候，A 银行发行了封闭期为 2 年的封闭式摊余成本法净值型产品 D，从资金池产品 B 中购买了 C 非标，实现了非标资产的合规投资。用封闭式产品置换的好处是，资管规模并没有下降，而封闭式摊余成本法净值型产品净值相对稳定，且机构也能获得较高的利差管理费（C 非标的预期收益率为 10%，管理费可以设定为 2%），按照《企业会计准则》的相关要求，只要机构能够获得的管理费低于总资产收益的 1/3，即可无须并表。

但这么做的限制是，目前封闭式资管产品的期限多在 3 年以内，若在置换时资产剩余期限依然超过 3 年，募集资金的难度很大，限制了置换的规模。

（2）银行自营回购未到期的非标资产。比如，A 银行的存量资金池产品 B 持有了 C 非标，该非标到期日为 2021 年底。至 2019 年底的时候，A 银行决定从存量资金池产品 B 中购买了 C 非标，并放入银行账簿持有至到期。这么做的好处是，这些非标资产通常的资产收益率都较高，而金融机构自营的资金负债成本低于资管产品给予客户的收益率，金融机构获得的利差收入将会大于资管产品收到的管理费收入。

但是，这么做也同样加大了银行的信用风险和合规风险。信用风险自不用说，这些资产本来就是信用资产，自然会增加银行的信用风险，同时也会增加银行的资本耗用，减少银行的资本充足率，而合规风险来自于两个方面：一是金融机构直接购买自己的资管产品手中所持有的资产，这种行为可以说完美匹配了《指导意见》第十八条关于"刚性兑付"的论述，存在着明显的合规瑕疵；二是即使通过技术手段（如借新还旧：A银行先放一笔款给融资人，让其偿还非标C）使资产顺利从资管产品手中转移到金融机构手中，金融机构也很可能因为授信额度或风险限额超限的原因面临合规问题。

这些非标资产的融资人很有可能也是金融机构自己的客户，金融机构对其也存在着很大的敞口。

（3）金融机构通过帮助融资人发债置换、将非标资产组包为ABS的方式将非标资产转变为标准化资产。比如，A银行的存量资金池产品B持有了C非标，该非标到期日为2021年底，至2019年底的时候，A银行决定将帮助C非标的融资人发行私募债偿还非标C，该私募债发行时，A银行的理财产品购买了该私募债完成置换。这么做的好处是，同发行封闭式资管产品置换一样，这种方式没有增加金融机构表内的负担，也没有降低资管规模，而更好的一点是，由于非标置换为私募债，实际上是把非标准化债权资产转变为标准化债权资产，就不需要受到"封闭式产品的到期日或开放式产品的最近一次开放日不得早于资产的到期日"的限制，短期的资管产品也可以投资这类高收益的资产了。

不过，这么做显然也有坏处，以前这些非标资产是没有公允价值的，只能使用摊余成本法进行估值，对整个产品的净值是有稳定作用的，但现在转变为标准化金融资产之后，必须得使用公允价值法，而这些低评级、低流动性的资产市场风险是较大的，一旦市场出现不利变动，特别是信用风险爆发等不利变动，都会导致资产净值出现较大的波动。

同样，非标转标也有不少的限制，有些融资人的融资需求并不符合发债的要求，例如明股实债，或者将资管资金引入到地产拿地领域等，这些需求不一定能够支持其发债，还将导致非标转标的规模受到限制。

三、不良资产和资本工具的处理方式

不良资产和资本工具是最难进行的部分，因为这些资产本来就是不符合监管机构控制，同时也不符合投资者利益，单纯是因为金融机构想要藏匿表内资产导致的，这一部分资产的处理方式相当简单，且由谁来承担损失这个问题本身也并不复杂。由于做这些事情的受益人本来就是金融机构本身而非投资人，所以调整所带来的损失必然由金融机构来承担。

资管产品投资不良资产主要是为了满足银行藏匿坏账或降低不良贷款率指标等需求，其交易结构的设计通常比较复杂，涉及信托机构和机构之间的互买。举个例子，A银行和B银行都有300亿元的不良资产需要处置，否则其不良贷款率会由年初的1%上升至2%。在2016年的时候，A银行和B银行决定采取资产互买的方式来完成不良资产的出表，他们找到了C信托和D信托，并将不良资产按面值卖给了C信托和D信托发行的信托计划，同时再指示B银行的理财购买C信托发行的底层资产为A银行不良资产的信托激化，A银行的理财购买D信托发行的底层资产为B银行不良资产的信托计划，A银行和B银行再与相应的理财产品签订差额补足协议或到期回购协议，完成交易。

上述例子是最为常见的利用资管产品进行不良资产出表的例子，其他的还有利用总收益互换TRS等衍生品的方式实现不良资产的出表。但在新的监管规定之下，以前藏匿于资金池类资管产品的不良资产逐渐浮出水面，且被判定为不合规，必须得要进行处置。

不良资产的处置方式十分简单，由于受益人是金融机构本身而不是投资人，所以由此带来的成本和损失自然而然要由金融机构自己来承担，但在实际操作中，这却并不是一条泾渭分明的分界线。举个例子，资管产品本身也产生了坏账，这部分坏账本来应该要由投资者来承担的，如果金融机构对这类资产进行回表处理，那么就构成了《指导意见》第十八条的"刚性兑付"行为，按规定要受到处罚；但是那些原本就是由资管产品代持的不良资产，本来就属于金融机构本身，那么这种回表处理就不应该构成"刚性兑付"，可监管机构怎么区分哪些资产的回表属于"刚性兑付"，哪些不属于"刚性兑付"呢？

这一条会不会给出一条明确的线，是一个很重要的问题，涉及损失应该由谁来承担。

那么不良资产的处置方式应该是怎样的呢？笔者认为，不良资产的处置方式有两种办法，但第二种方法的限制实在较多。

（1）由金融机构本身回购不良资产。举个例子，A银行将不良资产100亿元藏匿到自己的资管产品中，如果留在资管产品体内，等过渡期结束，产品必须按照摊余成本法记录净值，这将导致管理人不得不重估资管产品所持有的资产，造成损失，也给管理人带来严重的声誉风险。因此A银行选择将这些不良资产回购到表内。

回表之后，A银行将选择核销这些不良资产或打包卖出这些不良资产，但无论哪种方法，都会对A银行的资本充足率、净利润产生影响。

假设A银行有超额贷款损失拨备50亿元，这部分超额拨备作为二级资本记录，在核销100亿元不良资产损失时，损失将先会侵蚀超额贷款拨备，而剩余的50亿元将会经由贷款损失拨备传导到核心资本上，导致核心资本减少50亿元。

同样，假设A银行不选择核销，而是打包卖掉这些不良资产，这些损失将会直接反映到当年的投资损失上，A银行就得因此承受卖出带来的资产重估损失。假设这些不良资产的市场价值为50亿元，A银行就必须在当年的利润表上记录50亿元的损失，这也将直接侵蚀银行的核心资本。

对核心资本的侵蚀是转回表内的最大问题，但侵蚀核心资本并不是在转回时才产生的，而是在坏账发生的时候，对核心资本的侵蚀就已经发生了，资管产品的代持只是藏匿了坏账而已。

同样，笔者认为，监管机构在2018年上半年时降低了法定拨备率，其主要原因就是为之前藏匿在表外的不良资产回表做好准备，根据上述例子，核销不良资产的时候，会首先损失超额拨备这一二级资本，随后才会损失例如净利润、资本公积和股本等核心资本。

（2）由资管产品负责将不良资产处置掉，这种方法无疑是将损失放在资管产品处了。比如，A银行将不良资产100亿元藏匿到自己的资管产品中，如果留在资管产品体内，等过渡期结束，产品必须按照摊余成本法记录净值，而更为重要的是，以往不良资产总是放到资金池中，如今资金池需要整改和逐渐退出，这些资产也成为了一个（不管是否需要做减值）难以持有的烫手山芋。如果保持不变的话，它作为非标资产是不能够放入短期资管产品之中的，如果想要用期限匹配的资管产品进行置换，一来不良资产的投资门槛较高，不是所有投资人都能够买的，募资能力大打折扣；二来对于资管产品而言，如果损失留存在资金池里，那么对资金池产品的投资人而言，就存在一个莫大的地雷，投资者会用脚投票，将可能导致资金池产品出现募资困难。如果损失留给新发行的封闭式期限匹配资管产品，那么新产品的募资就会出现很大问题：谁都不会买入一个刚买就要浮亏50%的资产。

更何况，为了声誉风险，银行也应该会选择自己消化这些损失。不过，当自己消化这些损失的成本过高，或是资管产品中积累的浮盈较高时，金融机构也可能会选择由资管产品来吸收部分损失。

资本工具主要包括股票、优先股和二级资本债。由于金融机构不愿意向市场传达自己必须依赖高成本资金来完成股权融资的信号，它们通常希望这些资本工具能够不以市场价格发行。该原因也导致了金融机构通常选择以"互持"的方式发行资本工具。

而金融机构互持资本工具会导致新增的资本被迅速消耗，所以互持的对象就变成了金融机构们的资管产品。例如，A银行和B银行同时发行300亿元二级资本债，当时市场利率为5.8%，但A银行和B银行约定双方的理财产品以5%的收益率互持对方的二级资本债。

资本工具处置的难点在于，由于互持的发行价格与市场价格通常存在着较大的差异，一旦资管产品由资金池类产品转变为净值型产品，资管产品所持有的这些资本工具都会面临资产重估的压力，这将影响产品净值下跌。

这类资产与不良资产一样，受益人并不是投资人而是金融机构，按理应该由金融机构来承担相应损失，但与不良资产的回表一样，监管机构很难去划清界限区分哪些回表的资产是由资管产品代持的表内资产，哪些又是"刚性兑付"的需求推动。

不论从哪个角度出发，在资管行业转型的过渡期内，一定会有不少不合规资产、不良资产和资本工具从资管产品中流出，侵蚀金融机构的净资本。这个结果无法避免，金融机构应未雨绸缪，早日策划补充资本事宜。

四、长线影响："刚性兑付"信仰能否被打破？

在利率市场化进程之中，存款会不断析出，流入金融市场和资产管理行业，这是已经在美国、日本和德国等国家验证过的历史经验：直接融资规模会上升，而间接融资规模则会相应下行。

但是，资产管理行业究竟能不能发展起来，资产管理行业究竟以个人投资者为主还是以机构投资者为主，都取决于资产管理文化能不能真正建立起来，而建立资产管理文化的前提就是打破"刚性兑付"的信仰。

在继续分析之前，我们首先考虑这样一个问题：中国的资产管理行业究竟发展情况如何，我们可以从几个角度去观察和对比中国资产管理行业的发展现状。

首先，纵向相比，2012年末，中国资产管理市场的市场容量为26万亿元，而2017年底，市场容量接近100万亿元，5年年化复合增长率约为31%，可谓是爆发式的增长。

其次，2012年末，中国国内生产总值约为54万亿元，资产管理规模AUM约占国内生产总值GDP的48.15%，而到2017年末，中国国内生产总值约为83亿元，AUM/GDP超过了100%，由此说明，中国资产管理行业以远超GDP增速的速度狂奔，仅五年就上升了近3倍。

而这样的 AUM/GDP 在国际上属于什么水平呢？在全球资产管理行业最为发达的美国，依托美元的全球核心地位，吸引了无数海外资金，其 AUM/GDP 规模也就与 2017 年末中国的 AUM/GDP 差不多。

若去观察金融结构更为相似，更依赖间接融资的日本，将会发现日本的资产管理规模 AUM/GDP 数据远低于中国的 AUM/GDP。要知道，日本的利率市场化和金融自由化早已完成，核心指标直接融资占比也比我国更高。

从这个角度上看，我国资产管理行业的发展速度极快，大幅领先中国的利率市场化进程，资产管理行业可谓是深度发展。

另外，中国依然是一个高储蓄率的国家，投资者单一，管理人的策略与海外同业相比也相对单一，种种微观迹象表明中国的资管行业还比较稚嫩。

宏观数据与微观感受上会有如此大的差别的主要原因在于统计的不同。由于中国监管结构与海外不同，使得资管规模在统计上出现了偏差，而这主要体现在两个方面：

（1）中国的资产管理规模中约有一半为通道业务。前文已述，由于中国监管环境的特殊性，各个资管产品在投资范围和市场准入上存在着不同的门槛，若资管产品想要进入某个不对自己开放的市场，就必须要进行多重嵌套。举个例子，A 银行理财发行了 30 亿元，想要进入交易所市场购买股票，就必须进行两层嵌套：首先 A 理财购买 B 单一信托计划，再由 B 信托计划购买 C 定向资管计划，C 资管计划向交易所申请开户。

在上述例子中，由于 30 亿元资金从 A 理财，经由 B 信托，流向了 C 资管计划，并最终用于购买 30 亿元的股票，资产管理行业的总规模增加了 90 亿元。如果我们剔除通道业务的影响，将面向唯一客户的定向、专属、单一型资管产品剔除出统计范围，那么中国资产管理规模将下降至 40 亿 ~ 50 亿元，AUM/GDP 为 50% ~ 60%，仍然显著高于已完成利率市场化改革的日本和德国。

（2）即使在非通道业务的资管规模中，也有不少规模并不是"资管业务"。在海外经验中，利率市场化进程同我国一样，为了保护银行业，贷款等资产的收益率首先市场化，随后才让存款等负债的收益率实现市场化。在资产价格市场化而负债成本被限制的条件下，经济极易滋生通胀，让商业银行揽储困难，在美国和日本利率市场化进程中，多种存款工具被创造出来绕过监管的存款价格限制，实现存款利率的市场化，而在中国，由于存款工具的创新被严格限定，绕过存款限制的"历史大任"交给了资金池类资管产品。

由于存在着"刚性兑付"的特点，这些固定期限和固定收益率的资金池类产品本来就与存款无异，而资金池类产品的预期收益率并未受到监管部门的限制，资管产品在同业市场上借入现金也不像银行那样有利率上限，不论对投资人，还是对管理人，资金池类资管产品就是绕过监管，实现利率市场化的途径。

不过，随着对资管行业全新的监管体系的实施和中国监管机构快速推行利率市场化改革的决心增强，资金池产品在过渡期结束后必须退出历史舞台，而根据我们的估计，如果去除资金池类产品规模，中国资管业务的规模将为 20 亿 ~ 25 亿元，占 GDP 的 25% ~ 30%。

换句话说，中国资产管理规模在过渡期内将必然走向"挤水分"的过程，全行业规模的下滑几乎是板上钉钉的事。

随着类存款业务被市场化后的存款被抢走，通道业务被监管机构的新规所压制，资产管理行业将走入"卖者有责，买者自负"的真正资产管理业务之中，但打破"刚性兑付"容易，建立"资产管理"文化却很难——美国的 AUM/GDP 超过 100%，而日本的 AUM/GDP 低于 20%，归根结底，还是资产管理文化的问题。

中国的资产管理行业会走向何方呢，我们拭目以待。

第八章 转型指南

《指导意见》为全市场描绘了"资管行业未来应该是什么样子"的画面，打破"刚性兑付"、规范会计核算、规范资金池等措施都影响着资管行业的未来走势。

市场对于资管行业的现状已了然于胸，对资管行业的未来也已经在分析《指导意见》后，有了大致的了解。本书未能给分析《指导意见》、描绘资管行业未来提供更多增量信息，而这些信息似乎也不是市场最为缺乏的信息。

知道 A 点（资管行业的现状），也知道 B 点（资管行业的未来）；知道必须要在 2020 年底之前从 A 点到达 B 点，唯一不知道的是，怎么从 A 点走到 B 点。本章试图向读者及市场提供一种从 A 点到达 B 点的方法，给资管行业的管理者、决策者和监管者提供一些思路。

第一节 《指导意见》颁布后的资管行业

由于资金池模式的存在，中国的资产管理行业表现出了超出可比国家的增长和异于其他成熟市场的结构：资金池类资管产品占据了绝大部分的市场份额，而使用摊余成本法进行估值的资管产品则不胜枚举。

从运行模式和估值模式上看，中国资管行业都有着各自的特点，但是在《指导意见》之后，这两个问题将逐渐与其他国家资管行业接轨，本节将从运行模式、估值模式和投资者适应性这三个方面总结《指导意见》之后的资管行业。

一、从"刚性兑付"到净值管理

资金池模式是"刚性兑付"的源泉，这一点已毋庸置疑。《指导意见》第十九条将"刚性兑付"行为分为三大类："（一）资产管理产品的发行人或者管理人违反真实公允确定净值原则，对产品进行保本保收益。（二）采取滚动发行等方式，使得资产管理产品的本金、收益、风险在不同投资者之间发生转移，实现产品保本保收益。（三）资产管理产品不能如期兑付或者兑付困难时，发行或者管理该产品的金融机构自行筹集资金偿付或者委托其他机构代为偿付。（四）金融管理部门认定的其他情形。"而其中最为重要，也是最普遍的"刚性兑付"模式则是"（二）采取滚动发行等方式，使得资产管理产品的本金、收益、风险在不同投资者之间发生转移，实现产品保本保收益"，用后进客户的资金去"刚性兑付"退出客户的资金。

要实现用后进客户去"刚性兑付"退出客户，就必须使用"滚动发行、期限错配"的资金池模式。另外，资金池模式由于其具有流动性风险较容易管理，滚动发行的资管产品通常都有固定的期限，所以很容易预测资金的流出，和"以时间换空间"的模式。当期的损失不需要由客户或管理人承担，而是逐步化解等特点，其参与门槛是非常低的，这也受到了市场参与者的欢迎。

参与门槛有多低，从员工人数便可见端倪。规模万亿级别的公募基金，其员工人数一般在 500～700 人，但规模万亿级别的银行理财，其员工一般不超过 200 人，即使计算参与资管业务的清算结算、风险管理、IT 开发等人员，其员工人数一般也不超过 300 人，不考虑公募基金给基金经理带来的高收入，仅是员工数量就已经节约了至少一半的人力成本。

而当资金池模式被《指导意见》规范之后，传统的资管行业也将会引发巨变，而对于管理人而言，最大的变化在于资管行业门槛的提升。我们曾将资管行业分为财富管理（销售管理）、产品设计和投资管理 3 个部分，由于资金池模式的统治地位，产品设计和投资管理的作用被弱化，只要有销售渠道和相关的牌照，金融机构就可以以资金池模式参与到资管业务中。

当资金池模式被规范之后，这些机构和产品都陷入了两难的局面。要么机构在过渡期内建立自己的产品设计和投资管理能力，而这需要大力投入，光人力成本就将上涨至少 1 倍；要么机构选择离开资管市场，毕竟这个市场的门槛已经提升了。

二、企业会计准则的威力

在《指导意见》之前，大部分资管产品缺乏会计制度。虽然监管机构要求资管产品必须向监管机构报送资管产品的资产负债表、现金流量表和损益表，但资管产品在编制财务报表，特别是涉及金融资产与负债的分类时，由于监管不严，同时缺乏审计，随意性非常大。

举个例子，A 银行理财购买了 B 信托计划，那么在 A 银行理财的资产负债表上，B 信托计划的份额这一金融资产，需要进行金融资产的分类。但事实上，A 银行理财在进行报表编制的时候并没有考虑 B 信托计划所持有资产的目的，更加不会考虑自身对 B 信托计划的控制力以及是否需要合并报表。惯常的模式是，A 银行理财将 B 信托计划作为"使用摊余成本法计量的金融资产"放入资产负债表中，即使 A 银行理财是 B 信托计划的唯一投资人，对 B 信托计划具有明确的控制权，按照企业会计准则应该合并报表。

而在《指导意见》中，监管机构明确"金融机构对资产管理产品应当实行净值化管理，净值生成应当符合企业会计准则规定，及时反映基础金融资产的收益和风险，由托管机构进行核算并定期提供报告，由外部审计机构进行审计确认，被审计金融机构应当披露审计结果并同时报送金融管理部门"，则意味着资管产品的会计计量也需要受到企业会计准则的约束，再也不能随意进行金融资产与负债的分类。

不过，虽然《指导意见》提出了净值生成应当符合企业会计准则规定，也提到需要对资管产品进行审计，但是与一般非银行业金融机构相比，资管产品在会计计量上还存在着一定风险管理上的"语焉不详"，最大的地方则是在"嵌套"上。按照《指导意见》的理解方式，资管产品在购买其他资管产品的时候，由于资管产品都会提供产品净值，因此被投资资管产品会作为一个金融资产进入资产负债表中，被投资资管产品的净值波动将会影响投资者的资管产品的净值。但是，考虑到通道业务和委外业务的存在，这样的模式似乎并不完备。在通道业务和单一委外业务中，委托人能够对被投资资管产品产生较强的影响力和控制力，从而成为被投资资管产品的实际控制人，按照企业会计准则的相关要求，应和被投资资管产品合并报表。

合并报表更符合资管产品风险管理的相关要求，虽然被投资资管产品净值直接反映在了作为投资人的资管产品净值上，但是对客户而言，资管产品的资产负债表上不是底层资产，而是另外一个资管产品的确很难让客户去分辨资管产品所承担的真实风险。

更何况，如果真的将资管产品当作非银行业金融机构看待，那么资管产品也需要根据控制权的大小问题来决定是否对其所持有的其他资管产品合并报表。这比单纯的向上向下严格穿透要更有意义。

三、公平交易与风险匹配原则

除了公募基金以外，传统的公募及私募资管产品在产品信息披露上的努力显然不够，尤其是资金池类产品，由于受到的审计较少，资金池类资管产品有时候会在多个业务层面上违背资管产品"受人之托，代人理财"的初衷，最为直观的违背则是不以"为客户谋取更高投资收益"的目的进行投资交易，例如，帮管理机构自身藏匿资产等。

这在既有大量资管业务，又有大量自营投资业务的银行业和证券业里，并非什么新鲜事。通过资管产品，管理机构可以将自身产生的坏账或超出权限的投资放入资管产品中，由资管产品代持，在这类投资操作中，由于资管产品并未按照"为客户谋取更高投资收益"的基本原则进行投资，因此不能算作"尽职"，且存在不少操作风险。

这些被藏匿的资产，通常都不是以市场价进行交易的，这一方面导致了不合规的关联交易，另一方面在《指导意见》下，资管产品必须使用公允价值法进行计量，也就是说当资管产品接手这些资产的一刹那，资产所造成的损失将通过公允价值法体现在资管产品的净值上，由投资人承担损失，给管理机构造成巨大的声誉风险和操作风险。

而传统资产管理行业缺乏信息披露所造成的另一个问题则是客户风险承受能力与其购买的资管产品所实际承担的风险不匹配。例如，通过多重嵌套的方式，将原本需要合格投资者，甚至只允许私募形式的资产降低了准入的门槛，实现了"私拆公"，如 A 公募银行理财，购买了 B 信托计划，并由 B 信托计划持有了非标资产或非上市公司股权，实现扩大投资者范围，降低投资者门槛的目的。

而在新的向上向下穿透新规以及监管机构的实践之中，该模式可能会逐渐消亡，这对传统资管产品重点的投资方向，如非标资产、明股实债等，都是非常严重的打击。

四、未来资管产品的形式

在前文中我们提到，《指导意见》发布之前，资管产品主要被分为两大类、三小类，分别为公允价值法下的净值型、封闭式期限匹配型和资金池型，其中资金池型包括了报价式资金池和使用摊余成本法的资金池。

公允价值法下净值型资管产品有如下特点：

1. 使用公允价值进行计量

在公允价值法下的净值型资管产品，所有的资产被默认为"使用公允价值法且净值波动进入损益的资产"，这也符合 IFRS9 和全新企业会计准则的相关要求。

2. 允许期限错配

由于所有资产都被默认为"交易目的"的资产，可认为资产的强制持有期限为 0 天，自然也就不受"期限匹配"的约束，但允许期限错配的坏处是公允价值法下的净值型不能投资没有流动性安排和公允价值的资产。

3. 向投资人披露投资业绩

净值型产品均需要向投资人或公众披露投资业绩，而所有资管产品按照相关规定，均需要向投资人或公众披露重大投资事件。

封闭式期限匹配型资管产品有如下特点：

（1）不允许期限错配。封闭式期限匹配型资管产品最大的特点在于"资管产品的到期日或最近一次开放日不得早于其所持有资产的到期日"，也就是说资产和产品必须同时到期或资产先到期，产品后到期。

（2）债权类资产可自由选择估值方式。对期限匹配型资管产品而言，由于拥有将资产持有到期的能力，因此根据 IFRS9 和全新企业会计准则的相关规定，资管产品可以自由选择对债权类资产的持有意愿是"交易"，还是"持有到期"，从而决定估值方式为"公允价值"还是"摊余成本"；但对于股权类资产，由于不存在合同规定的到期日，所以只能使用公允价值法进行估值。

（3）可使用可测算的"预期收益率"。由于期限匹配型资管产品有能力持有所有债权资产至到期，因此其"预期收益率"是可测算的。

资金池型资管产品有如下特点：

（1）不按照企业会计准则的相关要求选择金融资产的估值方式。由于资金池模式相当随意，而自己又确信自己可以依靠"滚动发行"将所有资产持有到期，所以可以灵活选择自己的持有意图，并以此选择金融资产的估值方式。

（2）不公布净值或公布以摊余成本法计量的净值。由于资金池型资管产品对外进行信息披露的强制性要求更少，这也导致了资金池型资管产品可以只公布自己的预期收益率或是摊余成本法下的净值，而无须公布公允价值法下的净值，这与实际情况有悖，并不能保证自己可以持有这些资产至到期，更增加了风险与收益在不同投资者之间流动的风险。

（3）信息披露并不透明。由于相关制度缺失，资金池类资管产品很少公布自己的投资操作，也很少会对资管产品进行审计，因而导致资金池类资管产品在投资上相当自由。除了托管机构的制衡之外几乎没有其他制衡，而这也导致了不少资金池类资管产品为母公司藏匿了不少资产，实现母公司的调表。不过，资管行业的"道德风险"问题不是资金池类资管产品独有，公募基金也会为了业绩压力、"造星"压力而进行一些不利于客户的交易。

而按照《指导意见》关于加强"风险隔离""信息披露"，以及打破"刚性兑付"的要求，资金池产品被认定为不合规的，在过渡期结束之后必须要消失。

因此，根据《指导意见》，我们可以推测出，未来中国资管行业，只有两类产品，一类是采取公允价值法或有限使用摊余成本法的净值型产品，另一类是使用摊余成本法且其所有投资资产持有到期的期限匹配产品。

第二节　用好过渡期，打下转型基础

不论是 2017 年 11 月的征求意见稿，还是 2018 年 4 月发布的正式版本，《关于规范金融机构资产管理业务的指导意见》（以下简称《指导意见》或《资管新规》）都提到了"过渡期"的安排，而经过征求意见稿、正式版本、新规细则（即《关于进一步明确规范金融机构资产管理业务指导意见有关事项的通知》）三个版本的修订，过渡期内监管机构的要求越来越低，留给金融机构的自由裁定空间也越来越大。

从这个角度上说，截至 2020 年 12 月 31 日的"过渡期"的确是中国资产管理行业难得的"休养生息"的时间。具体如表 8 - 1 所示。

表 8 - 1　不同版本指导意见对"过渡期"的描述

征求意见稿	正式版本	新规细则
过渡期内，金融机构不得新增不符合本意见规定的资产管理产品的净认购规模。过渡期自本意见发布实施后至 2019 年 6 月 30 日。过渡期结束后，金融机构的资产管理产品按照本意见进行全面规范，金融机构不得再发行或者续期违反本意见规定的资产管理产品	过渡期为本意见发布之日起至 2020 年底，对提前完成整改的机构，给予适当监管激励。过渡期内，金融机构发行新产品应当符合本意见的规定；为接续存量产品所投资的未到期资产，维持必要的流动性和市场稳定，金融机构可以发行老产品对接，但应当严格控制在存量产品整体规模内，并有序压缩递减，防止过渡期结束时出现断崖效应。金融机构应当制定过渡期内的资产管理业务整改计划，明确时间进度安排，并报送相关金融监督管理部门，由其认可并监督实施，同时报备中国人民银行。过渡期结束后，金融机构的资产管理产品按照本意见进行全面规范（因子公司尚未成立而达不到第三方独立托管要求的情形除外），金融机构不得再发行或存续违反本意见规定的资产管理产品	二、过渡期内，金融机构可以发行老产品投资新资产，优先满足国家重点领域和重大工程建设续建项目以及中小微企业融资需求，但老产品的整体规模应当控制在《指导意见》发布前存量产品的整体规模内，且所投资新资产的到期日不得晚于 2020 年底 三、过渡期内，对于封闭期在半年以上的定期开放式资产管理产品，投资以收取合同现金流量为目的并持有到期的债券，可使用摊余成本计量，但定期开放式产品持有资产组合的久期不得长于封闭期的 1.5 倍；银行的现金管理类产品在严格监管的前提下，暂参照货币市场基金的"摊余成本＋影子定价"方法进行估值 四、对于通过各种措施确实难以消化，需要回表的存量非标准化债权类资产，在宏观审慎评估（MPA）考核时，合理调整有关参数，发挥其逆周期调节作用，支持符合条件的表外资产回表。支持有非标准化债权类资产回表需求的银行发行二级资本债补充资本 五、过渡期结束后，对于由于特殊原因而难以回表的存量非标准化债权类资产，以及未到期的存量股权类资产，经金融监管部门同意，采取适当安排妥善处理 六、过渡期内，由金融机构按照自主有序方式确定整改计划，经金融监管部门确认后执行

　　如表 8 - 1 所示，相较于征求意见稿，正式版本延长了过渡期的期

限，但也新增了不少细节化的监管意见。但这些细节化的监管意见又在新规细则上被进一步放宽。不合规的资管产品也从不能投资新的非标资产到可以投资非标资产、从规模必须保持不断净收缩的"棘轮"到"规模不能净增"，除了到期必须达标之外，过渡期可以说是现阶段宽松监管政策的延续。

那么，在这段时间里，金融机构应该在哪些方面做出调整，才能不辜负监管提供的"蜜月期"呢？

一、资管行业的转型任务

从指导意见的行文逻辑上看，针对产品设计的条款会多于产品投资，这意味着监管机构认为，现阶段资管行业所展示出来的乱象，绕监管、"刚性兑付"等问题都是产品设计环节出了问题，在产品投资上只要没有利益输送，那就"八仙过海各显神通"就行，规范性的要求并不多。

但事实上，由于产品设计与投资策略息息相关，例如，如果没有滚动发行、分离定价、集合运作、期限错配的资金池产品模式，投资经理就不可能配置如此多的长期资产、低流动性资产，或帮母体金融机构代持不良资产、股权资产等。所以，当监管机构推动产品设计进行改革的时候，就必然会影响产品投资的逻辑和存续产品带来的客户、资产的转型问题。

那么，监管机构所的直接要求如下：

（1）规范资金池。禁止发行"分离定价、集合运作、滚动发行"的资金池产品，同时不允许非标资产等非流动性资产进行期限错配。这个措施的主要目的是为了阻止风险的积累和传播：如果允许非流动资产进行期限错配，那么当风险发生时，资产并没有到期，而产品需要兑付，只能通过老客户把资产以约定的价格"卖给"新客户的方式筹集资金，带来风险的积累和传播。

（2）按照企业会计准则估值。在基于 IFRS9 新规则修改之后的企业会计准则（22 号）的要求下，大量的金融资产将会被强制使用公允价值法进行计量，而对应到资管产品，其限制了"摊余成本法"的使用：过去大多数资产都使用了"摊余成本法"，但现在资产使用摊余成本法进行计量的前提十分清晰：①合同现金流可预计且仅为本金与利息；②资产有期限且产品有能力持有至到期（即期限匹配）。

（3）严禁多重嵌套。在产品设计环节，时常会出现公募资管产品作为一个整体投资于一个私募资管产品的情况，主要目的则是绕过金融监管（如绕过"银信合作"的资本损耗）、获得市场准入（公募产品投资私募股权）等，如果禁止多重嵌套，并严格向上穿透投资人的资质，对产品结构也是很大的打击。

而结合监管机构的要求和目前资管行业的现状，在这两年多的"过渡期"里，资管机构至少需要在以下四个方面进行较大的转型：

（1）产品转型。目前资管行业仍以传统的"滚动发行、集合运作、分离定价、期限错配"的资金池产品为主，项目融资类的期限匹配型产品由于募资困难，规模不大，而净值型产品由于波动较大，不受市场追捧，规模也较小，但按照指导意见，规模最大的资金池产品必须转型，转型压力可见一斑。

（2）资产处置。按照资管新规，非标资产不得期限错配，产品与资产的风险必须匹配，同时也不允许资管产品代持不合规的资产，这些政策会造成资管产品目前所持有的不少资产变得不合规，必须要进行处置，具体来说，主要包括：代持的不良资产、放入资金池类产品中的非标资产、私募股权资产、上市公司股票等不符合投资范围的资产，最主要的是非标资产和不良资产。

（3）产品扭亏。资管行业规模爆发正好是股票或债券市场价格的高点，而刚性的资金成本又导致资管产品不得不配置不少资产，导致当2017年、2018年债券市场和股票市场相继下跌的时候，出现了或多或少的亏损。对于风险自担的资管业务而言，投资亏损本不需要担心，但当这些亏损发生在存在预期收益率的资金池类产品上，便会造成管理机构的两难：如果任由这些亏损存在并直接转为净值型产品，意味着客户必然受损，会造成声誉损失，而如果由金融机构自行承担这些损失，机构有没有这个能力是一方面，如何承担又是另一方面的问题。

（4）基础设施改造。传统的资金池产品和监管机构推荐的基金类产品在 IT 系统上存在着极大的不同，而在资金池产品谢幕之后，产品创新将会增强，4 个转型目标的实现难度都很大，且前三者转型成败很大程度上并不由金融机构完全掌控：产品转型需要考虑客户接受度的问题，谨慎选择转型方向；在资管新规已经限制和监管了关联交易、"刚性兑付"的前提之下，完成资产处置在很大程度上也需要监管机构的配合；而产品扭亏则受到金融市场的影响，若金融市场走势不佳，对管理机构而言，扭亏的难度则会成倍增加。但是，三年的过渡期给了金融机构可以操作的空间。

二、为什么过渡期是必要的

为使分析更有条理，我们将过渡期内金融机构需要为转型进行的工作列成如表 8－2 所示。

表 8－2　金融机构资管业务转型需要进行的工作

类别	项目	说明	难点
资产处置	非标资产处置	出售资金池中的非标资产	非标资产没有流动性
资产处置	不良资产处置	回售资金池中的不良资产	有监管冲突
产品转型	现金管理型	现金管理型转为货币基金	资产处置
产品转型	债券基金型	资金池转为债券基金	客户认知度低
资产扭亏	债券扭亏	亏损债券资产扭亏	市场反向变动
资产扭亏	违约资产	违约资产处理	有监管冲突

处置非标资产遇到的最大问题是非标资产缺乏流动性。非标准化债权资产是一类收益率较高、融资结构不标准的债权资产，它与债券这类标准化债权资产最大的区别便在于债券存在一个交易场所，存在流动性，也因为有交易主协议的存在，容易找到卖家。

这些制度性安排，非标资产都没有，使得非标资产难以转让。同样难以转让的还有不良资产：由于资管产品属于金融机构的表外实体，当金融机构需要隐藏表内资产（通常是不良贷款）的时候，也会通过将其卖给资管产品来实现。资管产品不是不能投资不良资产，是由于存在严格的投资者门槛，以及不良资产的定价必须市场化。

不良资产难以出售，这是因为市场化处置坏账会带来当期利润的压力，有更好选择时，银行通常会选择藏匿坏账而不是暴露坏账甚至处置坏账，而除去主观层面上的不愿意处置，不良资产也缺乏大量投资者。

因此，对这类没有流动性的资产，资产处置难度就较大。另外，资管产品所持有的不少资产都出现了较大的亏损，若贸然从预期收益型资金池类产品转变为净值型产品，那么短期的市值亏损将由谁来承担？

站在产品层面，获得市场认可、投资者喜爱的资金池产品突然消失，取而代之的是收益波动较大，存在不确定性的净值型产品，必然会导致客户巨量赎回，引发流动性风险。

资产需要时间处置、损失需要时间抹平、产品需要时间被客户接受——因此，设置"过渡期"这一缓冲是十分有必要的，如果直接新老划断，必然导致资产和产品端都受到巨大冲击。

可为什么把过渡期截止日从2019年6月30日大幅放宽到2020年12月31日呢？

我们以银行理财为例进行分析：截至2017年末，银行理财规模接近30万亿元，若计算杠杆，则其所持有的资产应超过31万亿元。这其中除了超过40%的债券资产以及9%的权益类资产（其中大部分权益类资产以股票分级产品、带有差额补足的股票定增等"明股实债"方式存在）之外，其余有25%左右以非标资产或类非标资产（包括没有流动性的同业借款、股票质押融资、带有回购协议的非上市公司股权投资等）的方式存在，这些资产没有流动性。但好在，非标及类非标资产同贷款一样，其期限通常在1~3年到期，极少会超过5年。

因此，把过渡期截止日从2019年6月30日推迟至2020年12月31日会让大部分没有流动性的非标及类非标资产在过渡期内到期，大大降低了非标资产的处置量和处置难度。

另外，不良资产的处置将会损耗银行的净资本和净利润，除了监管机构调低法定拨备覆盖率和贷款拨备率之外，也需要给予银行足够的时间。例如，某行存在 300 亿元坏账，并要求该行在 2019 年 6 月 30 日完成处置，将会导致该行 2018 年年报和 2019 年半年报数据承压，如果要求该行在 2020 年底完成处置，则损失被分摊到 3 年，对利润及净资本的冲击都要小很多。

中国的债券市场"熊短牛长"，熊市很少能持续超过 3 年时间，而目前来看，熊市自 2016 年底开始至 2018 年已超过 1 年半，机械对比历史，熊市最多再持续 1 年半后便会转牛，这对债券扭亏是极有利的。

而债券本身也存在着"骑乘效应"：当长期债券随着时间的推移，距离到期日越来越近时，其亏损也将逐渐抹平，加上利息收入，扭亏的难度就降低了许多。考虑到转型的压力迫在眉睫，过渡期截止日设置在 2020 年底是十分合理的。

更为重要的是，在产品方面，制造出新的合规的产品本身就需要时间，也需要金融机构在组织结构、人员配置、基础设施上进行改造，产品出来之后，做好产品、资金的衔接，以及推动投资者教育等问题上都需要监管机构给予更多空间。

三、过渡期应当怎么安排

站在 2018 年 9 月底的时点，金融机构应该怎么抓住这 27 个月的时间，为自己的资管业务转型打下一个坚实的基础？

本书接下来的部分将会提出一个可行的计划供参考：

首先，我们应当了解到，本轮资管业务的改革是产品的改革，但产品改革包括产品设计、资产处置、组织结构、制度安排和基础设施五个部分。

如图 8-1 所示，从分类上看，产品转型、资产处置等工作属于前台业务性工作，而"组织结构""制度安排"和"基础设施"则为支持性工作，考虑到没有支持性工作，前台业务无法开展，因此在工作进度安排上，应提前做好支持性建设：

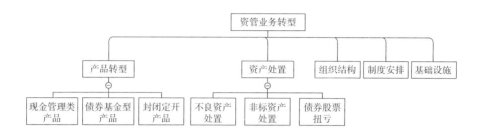

图 8 - 1 转型工作细分

（1）按照监管机构的要求，资管业务必须要与金融机构的其他业务在组织结构上完全隔离，符合条件的金融机构甚至需要重新设立资管子公司——但这一类工作的验收在2020年底之前完成，意味着金融机构可以"先上车后买票"，其他转型工作推进，而成立子公司、与母体切割的事情可以慢慢来。

（2）但是，若金融机构缺乏资管业务转型的必要人力资本，比如现金管理型产品的投资经理、风险经理、研究员，相应的清算结算人员，在产品开发之前，这类工作就必须完成。

（3）制度与设立子公司或母体分离一样，虽然重要，但验收是在2020年底之前完成，意味着金融机构可以按照自己的时间进行改革，节奏上不会特别紧张，只不过，与要发行的产品相对应的制度、管理办法、操作规程、审批流程等都需要在产品完成开发之前完成。

（4）系统改造则是最为费时且最紧迫的任务。没有相应的资产管理业务系统，金融机构就无法设计出相应的产品并对产品进行管理，分支机构、代销机构也无法向客户销售产品并把客户数据传回统计，进行信息披露等工作，可以说，系统不改造好，产品就发不出来，但系统改造的耗时恐怕也是最长的。

（5）至于资产的处置与配置，是可以提前做好准备工作的。比如非标资产的处置、不良资产的转回，以及根据市场情况灵活止损或扩大盈利等，这部分更多像是投资策略的转变。从前的投资策略偏重于收益率，忽略了流动性和波动率，而如今将更加在乎流动性，因此可以缓慢出售一些流动性较差的资产，吸收流动性较好的资产，该过程贯穿于整个转型进程中，金融机构可以根据自己的节奏进行调整。

（6）当一切准备妥当，就可以根据客户接受度用新的合规的现金管理型、项目融资型和净值型产品去替代传统的资金池型产品，并在2020年底之前完全达标。

因此，从时间安排上看，资管业务转型体现出了"产品推动"的特点，优先满足产品设计所需要的制度、人员和系统，而其余的制度、组织结构以及资产配置的调整则可以按照金融机构自己的节奏予以控制，等到基础配置完成，时机成熟之后，再推出新的产品。

不过，从决策层面上看，"产品推动"在行动中的优先顺序是基础设施、人员配置、资产转型，最后才是产品转型，但实际上在决策之初最需要确定的就是"未来我们要推出什么样的产品"，只有了解未来需要推出的产品，才能有的放矢，不浪费时间的将转型进行下去。

所以，站在2018年9月时点，不论是只发过资金池类资管产品，系统还不支持净值估计和展示的中小型金融机构，还是从来没有进入资管市场，但准备进入的新竞争者，首先要做的便是确定自己未来的主战场，同时以最高优先级确定基础设施、IT系统的需求，赶紧展开招标和开发。

随后可根据系统发布的进度招兵买马，改革制度、调整组织架构；而同时在资产层面，要尽早筛选出需要处置的资产，制定处置方案，用足过渡期。

考虑到客户接受需要时间，新产品所需要的制度、人员和系统，尤其是需要耗费时间的系统开发必须抓紧，才能够给接下来的产品转型提供空间。

第三节　选择正确的产品方向

随着《关于规范金融机构资产管理业务的指导意见》《关于进一步明确规范金融机构资产管理业务指导意见的通知》以及《商业银行理财业务监督管理办法》的出炉，银行理财转型的路径开始变得逐渐清晰。

按照新规细则和理财新规的描述，监管机构调整了之前过于严格的转型监管政策，转为了"各行自行控制节奏"，并守住"不合规产品规模不得净增"这一监管底线即可。

虽然"不再人为设定转型节点"是实实在在的利好，银行可以依照自己的节奏进行转型，但转型的过渡期并未延长，过渡期后对资管产品的要求也并未放松，从这个角度上看，资产管理行业仍然面临着较重的转型压力，将转型压力后置也无非是朝秦暮楚的游戏。

既然如此，理财产品转型依然是一个值得研究的课题，如图 8 - 2 所示。

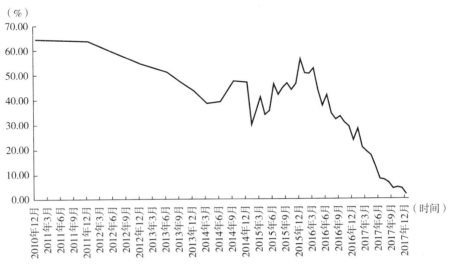

图 8 - 2　银行理财规模同比增速不断下滑

一、产品的转型是转型的核心

那么，当我们谈论资产管理行业的转型的时候，我们谈的是什么？或者说，当一家新进的金融机构打算成立自己的资管部或资管子公司的时候，它首先应该分析的战略是什么。

我们先从资产管理行业的核心驱动力讲起。如果去掉纷繁复杂的投资交易、风险管理、各种模型，资产管理行业与其他行业并没有什么特别，是提供一种产品给客户，并将这个产品的质量做得足够好。

如图8-3所示，我们可以将资产管理行业分为以下三个了行业进行细分：

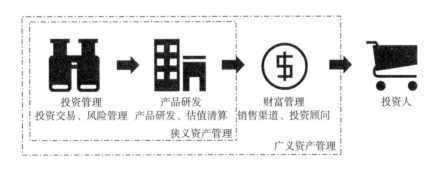

图8-3　资产管理行业的三个子行业

其中，投资管理业务是我们最为熟悉的，也是一提到"资产管理"首先会想到的子行业，它主要负责资金的投资交易和风险管理；而产品研发则处于中间环节，它负责资管产品的研发，条款的确定，产品相关的估值、清算和结算等工作；而直接面对投资人的子行业则是财富管理，财富管理行业被投资人们所熟悉，它直接面对客户，向投资人推荐资管产品，并对投资人提供投资顾问的服务。

与资管行业相关的还有资金、资产托管业务，但这是金融机构独立提供的另一类服务，不属于资产管理行业。

这三类业务可以单独存在，例如，在以往银行理财吸收客户资金，投资委外的行为里，银行的分支机构充当了财富管理、销售渠道的职能，银行的资产管理部承担了产品设计研发的职能，而银行随后把资金委托给证券公司或基金公司，这个委外管理人承担了投资管理的职能。

但在资管新规之后，由于多重嵌套被限制，监管机构从策略上限制通道业务，鼓励投资管理和产品研发业务合并到一个主体，并要求符合条件的金融机构成立资管子公司开展投资管理和产品研发业务，形成狭义的资产管理概念，而由于监管机构允许和鼓励金融机构展开合规代理销售，因此广义的资产管理行业组成部分，财富管理、销售渠道事实上成为了被各家狭义资产管理机构争抢的重要资源。

另外，由于银行理财业务的组织管理体系已经在 2014 年开始，经由《关于完善银行理财业务组织管理体系有关事项的通知》（银监〔2014〕35 号文）进行过一次详细的整改，资管新规更多在规范业务合规性和产品设计方向上。由于投资管理与风险管理属于"产品质量"范畴，监管机构只需设定"最低门槛"即可。因此，可以说本轮监管机构推动的资管行业改革，主要针对的是产品设计环节，希望未来的资管产品应该是打破"刚性兑付"的、信息透明的、风险匹配的合规产品。

而投资策略的转型、IT 系统的改进、组织结构的变动，都是为"建立合规产品体系"这一监管目标服务的。

因此，在资管行业被分割为狭义"资产管理＋销售渠道"管理的环境里，要想转型或想作为新玩家介入到资产管理行业里，首先需要厘清的便是产品设计今后的发力点，确定好要生产什么产品，才能更有效地组织好资源。

那么，应该选择什么产品呢？

二、产品设计的新老交替

产品设计并非新鲜事物，但站在资管新规过渡期的大背景下，产品设计必须要有一定的连贯性，否则将会被市场所抛弃。

以管理规模最大的银行理财为例，2005 年才出现的银行理财产品可以说是资产管理领域的"后进生"，但因为其与定期存款相似的产品结构设计，银行理财产品一跃成为了资产管理行业的龙头老大，完成了从末尾到头位的"逆袭"。

另一个例子是上一章提到的蚂蚁金服首创的余额宝产品，在余额宝刚刚发布的时候，天弘基金还是一家排名靠后的中小型公募基金公司，但在余额宝"先行垫资满足消费"的产品创新之下，其产品结构接近于活期存款，余额宝规模迅速做大。

因此，当资管新规要求传统资管产品向净值型、合规化、打破刚兑的基金型产品转型时，作为决策者，我们得知道这条大路下，哪条跑道好走，哪条跑道适合自己。

而站在银行的视角（证券公司及信托公司类似）上，当前主流的理财产品有如下四类：

（1）现金管理类产品：依托银行强大的垫资能力和清算系统，银行的现金管理类产品通常是"T＋0"甚至是实时到账的，大额申购赎回可能会"T＋1"或"T＋2"，在投资方面，现金管理类产品主要采取"固定收益类资产＋存款"的投资方式，但在客户收益取得上，则和预期收益型产品一样，采取报价制，或摊余成本法计算净值。

（2）定期滚动型产品：通常采取固定期限、固定收益率的产品结构吸收客户资金，期限最短为 1 个月，最长为 2 年，但以 3～9 个月的期限为主，投资上相当宽松，但以固定收益类资产为主，不考虑期限匹配问题，也不公布产品净值。

（3）项目融资类产品：一般而言一个产品只会投资一个项目，投资方式为期限匹配，非标资产的期限是多久，产品的期限就是多久，在收益计算方面，一般而言是报价制。

（4）净值型产品：这类产品的存量最小，采取的是和公募基金一样的操作方式，使用公允价值法计算产品净值，并依据净值核算客户的收益。

以上四类，几乎是商业银行最为主流的理财产品模式，有些机构也会在这些产品结构上添加金融衍生品，创造新的产品，但"基石"

产品则是这四大类别。

在这四大类别里，提供预期收益或使用摊余成本法计算净值的产品成为了主流，而净值型产品规模则相对较小，这是资管行业里的两大铁律之一。

"使用摊余成本法估值的产品对资金的吸引力成倍于使用公允价值法估值的产品。"

这背后体现的是投资者们对波动的厌恶和对收益确定性的喜爱。与高波动相比，人们宁愿选择放弃部分收益来获得"稳稳的幸福"。

这种趋势不仅在银行理财、信托计划和资管计划的投资者身上体现，在公募基金上也有十分明显的体现。

根据《证券投资基金会计核算业务操作指引》，公募基金被分为货币基金和非货币基金两类，其中货币基金可以有限制地使用摊余成本法，也让货币基金的收益率相对稳定，绝少出现亏损。

因此，我们可以看到货币基金规模逐步上升，最终稳定在66%左右，占据公募基金管理规模超过半壁江山（见图8-4）。

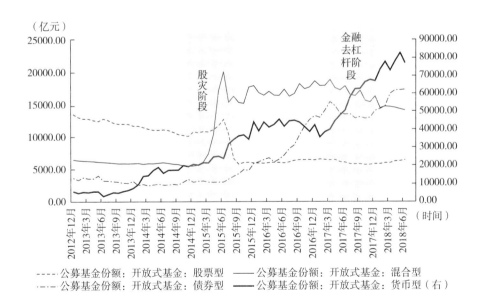

图 8-4 货币基金规模占比

另外，股票型基金和混合型基金都在 2014 年底股票市场狂飙阶段迎来了份额的快速上涨，而后又在股灾时候快速下跌——这显然是散户的情绪影响了公募基金的管理规模。

而一直突飞猛进的债券型基金也在 2017 年全年遭遇规模的快速收缩，而后又在 2018 年迅速回升，这个深 "V" 反弹值得我们思考。

随着债券市场的火热和银行理财规模的不断膨胀，银行体系内囤积了巨量资金，并借用基金的 "免税优势" 和资金管理能力，采取了 "委外投资" 和 "包养基金" 的做法，推动了债券型基金份额的快速增长。

但基于这样的理由，当 2016 年 9 月，人民银行抬高利率走廊，银监会还在严控同业投资时，"包养基金" 的难度变大，同业资金退潮导致公募债券型基金份额降低。

进入 2018 年，由于同业银行理财规模的迅速收缩并受到 11 月资管新规征求意见稿的影响，银行对同业理财进行了大刀阔斧的整改，导致同业资金被逼进公募基金领域，再度推高了债券型基金的管理规模。

据此，我们可以推测出这样一个事实：货币基金型产品由于使用摊余成本法，具有无可比拟的竞争优势；而在使用公允价值法进行估值的产品中，个人客户更加偏好股票型基金和混合型基金，但对波动的耐受度较差，因此份额随市场行情波动，而金融机构客户更加偏好债券型基金，对波动的耐受度较高，但是受到监管机构的影响很大，如图 8 - 5 所示。

三、正确选择自己的产品组合

首先，让我们再重新回顾上文的分析：

（1）产品设计和转型必须要与以往产品有承接，否则市场认可度可能较差；

（2）使用摊余成本法的资管产品吸引资金的能力数倍于使用公允价值法的资管产品；

（3）在使用公允价值法的资管产品中，个人客户更喜欢风险较大的股票型和混合型基金，而金融机构则受制于监管压力，偏好债券型基金，如图 8 - 5 所示。

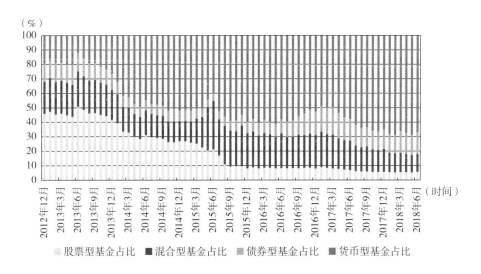

图 8 - 5　货币基金占比规模逐步提升

因此，在选择自己要走的道路时，首先要了解传统产品的不同特色，如表 8 - 3 所示。

表 8 - 3　传统产品的不同特点

类别	常用期限	主要客户	期限错配	核算方式	投资品种
现金管理	每天开放	个人/企业	错配	摊余成本	固定收益
定期滚动	3M ~ 9M	个人/企业/金融机构	错配	摊余成本	混合，主要固定收益
项目融资	1Y ~ 3Y	个人/企业/金融机构	匹配	摊余成本	非标资产

此三者中，第一种和第二种都因期限错配原因存在不合规需要整改的地方，因此，作为资管行业的从业人员，我们需要将传统的、不

合规的产品转换成合规的新型产品——除了公募基金，还有一类使用摊余成本法的资管产品被认定为合规：

三、过渡期内，对于封闭期在半年以上的定期开放式资产管理产品，投资以收取合同现金流量为目的并持有到期的债券，可使用摊余成本计量，但定期开放式产品持有资产组合的久期不得长于封闭期的1.5倍（《关于进一步明确规范金融机构资产管理业务的通知》，中国人民银行，2018-07-20）。

我们把上述产品称作封闭定开产品。

结合上面，我们也可以把合规产品的特色用表8-4来进行描述：

表8-4　合规产品的不同特点

类别	常用期限	主要客户	期限错配	核算方式	投资品种
货币基金	每日开放	个人/企业/金融机构	有限度的错配	摊余成本	短期固定收益资产
封闭定开	6M以上	个人/企业/金融机构	有限度的错配	摊余成本	固定收益资产
债券基金	每日开放	金融机构	N/A	公允价值	债券
混合基金	每日开放	个人	N/A	公允价值	混合
股票基金	每日开放	个人	N/A	公允价值	股票

注：采取公允价值法则默认所有资产的持有目的为"交易"，因此不存在期限错配的说法。

对表8-3和表8-4进行比较，可以很清晰地发现，现金管理类产品的转型方向就是货币基金，两者除了在投资品种和投资策略上有所区别，现金管理类产品会投资非标资产、期限错配也更严重之外，几乎没有区别。

可以说，现金管理类产品转型为货币基金，几乎是无缝对接的。

而定期滚动型产品则会相对复杂一些：定期滚动型产品的期限从1个月到2年，主力为1个月、2个月、3个月、6个月和9个月，而其所持有的资产则从1年以内至5年以上，以及没有到期日的股票等。而经历了债券和股票市场的连番下跌，大部分资产在市值法下都存在

或多或少的亏损。

更何况，如果直接推翻重来，把这些资产卖出后再重新买入，势必对市场造成极大的影响。所以，将产品转型，而不是直接抛售给市场再重新买入，成了最好的办法。

我们将定期滚动型产品按照期限分为 6 个月以上和 6 个月以下，同时将产品所持有的资产分为"符合货币基金投资标准的短期资产""久期在 0.75~1.5 的短期资产""其他债券""股票资产""非标资产"等。

在转型中，6 个月以下的产品可以和资金池中"符合货币基金投资标准的短期资产"组合，变成现金管理型产品；6 个月以上的产品可以和资金池中"久期在 0.75~1.5 的短期资产"组合，变成封闭定开型产品。

剩下的股票可以直接转变为股票基金型产品，或直接向市场出售；非标资产则可以转变为项目融资类产品，期限匹配，合法合规的存在。

剩下的债券资产，出售多少、持有多少，就成了一个值得思考的问题。

前文分析，剩下的债券资产如果要全部继续持有，只能靠发行债券基金型产品，以公允价值法计量的方式存在，要继续持有资产就必须募集资金，可债券基金的主要购买者是金融机构。

所以同业资源不够，或者投资能力不能满足金融机构苛刻的需求时，是否需要大量转型债券基金型理财产品是值得商榷的。

对于新进入市场的中小机构而言，由于本身能够投入的进入资产管理行业的资源相当有限，在产品策略选择上就更需要根据自身的实际情况来进行：

（1）若本身积累了较多的股票或债券投资经验，那就应该扬长避短，将投资能力的优势发挥到极限；

（2）所有客户都喜欢摊余成本法，所以货币基金型、封闭定开型、项目融资型这三个使用摊余成本法的资管产品是打底配置；

（3）若大部分客户为个人客户，那么不妨放弃债券型基金，主打股票型基金，波动较大的资产更受人关注，出"爆款"的概率更大；

（4）若同业资源丰富，则应该大力发展债券型基金类产品，吸引同业客户的资金。

第四节 处置存量资产

"过渡期"是监管机构对资产管理行业温情的制度安排，资管行业不用立刻承受新老转换带来的阵痛，不用立刻着手处置资产，在没有制度安排的前提之下一次性暴露所有的风险，给金融机构的经营和声誉带来巨大的风险。

只是，对于金融机构而言，截至2020年底的过渡期，虽然可以继续以往的"资金池"模式，监管机构甚至放松了"老产品投资新的不合规资产"这一要求，几乎可以说是在过渡期内，资产管理行业中所有被认定为不合规的老模式几乎都可以存续。在规模保持不净增的情况下，由于存在着或多或少的转型任务，"过渡期"显然不会像以前过得那么"舒心惬意"。

而其中最为重要，对于不少金融机构而言最深感无力的工作任务，便是不合规产品所持有的这些资产应该如何处置了。资管行业毕竟是一个融短投长的行业，客户资金的流入流出按照合同约定是刚性的，但所投资资产的变现与买入就与金融市场息息相关，一旦金融市场不配合，规模近百万亿的资管产品集体调仓，会给产品和管理机构带来较大的风险。以数十万亿的调仓规模计算，调仓所造成的损失和金融市场动荡都是难以估量的。

同样，对于那些参与金融市场，但又没有整改压力的公募基金、机构自营等而言，了解资管行业的资产调整策略，对分析市场、投资交易都十分重要。

在展开分析之前，我们需要对"不合规产品所持有的存量资产处置问题"这一任务进行词义上的分解，比如什么样的产品是不合规产品，以及哪些不合规产品持有的存量资产需要处置。

不合规的资管产品在《指导意见》中，监管机构并没有明确指出哪种产品是不合规的资产，但指明了什么是合规的资产。从合规性的角度上说，在《指导意见》之下，几乎所有资管产品都是"净值型产品"，在估值方式上则主要有摊余成本法和公允价值法两种类型，在产品的设计上，还需要注意不能存在"滚动发行、集合运作、分离定价"的资金池模式特点。

我们将目前市场主流的资管产品进行分类，如表 8 - 5 所示：

表 8 - 5 主流资管产品

类型	封闭匹配	封闭错配	周期产品	开放式
摊余成本法	项目融资类	资金池产品	资金池产品	货币基金
公允价值法	N/A	公募基金	周期型产品	公募基金

其中，周期型产品指的是产品申购周期和产品赎回周期相分离的产品，例如，产品的申购周期为每日申购，但产品的赎回周期则为申购后的两个星期后。由于产品的申购周期与赎回周期相分离，导致投资人的每一次购买都会面临"封闭期"，存在"滚动发行、集合运作"的资金池嫌疑。

按照《指导意见》打破"刚性兑付"、规范资金池等要求，这七类产品中使用摊余成本法且合规的产品仅有货币基金类（现金管理类）和项目融资类（期限匹配的非标资产类）；而使用公允价值法且合规的仅有封闭式基金、开放式基金和周期型产品，其中周期型产品还有"滚动发行、集合运作"的资金池嫌疑。

此外，根据上文分析，封闭式、周期型和开放式资金池类产品都属于不合规产品。

资金池类产品是主要的资管产品形式，其投资范围涵盖非标资产、债券、股票、非上市公司股权、存款、同业拆借及回购、衍生品、其他资管产品等，但最主要的部分则是债券、非标资产、股票、存款、同业拆解及回购等。

另外，也有些不属于资金池类产品，但因为其交易结构设计上存在的"多重嵌套"问题，产品所持有的资产依然属于整改类别，具体来看，则有信托贷款类非标资产（因"银信合作"占用净资本问题而在结构中加入证券公司资管计划，变为"银证信合作"）、证券交易所债券及股票（因开户问题，银行理财必须进行多重嵌套）等。这些是因为历史遗留问题导致的多重嵌套，相信《指导意见》的配套方案将会予以解决。

根据上述分析，我们可以按照存量资产的处置需求来源，将需要处置的存量资产分为三类：①由资金池产品持有，但本身合规的资产；②由合规产品持有，但涉及多重嵌套的资产；③不合规持有的资产。

它们的不同分类如表 8 - 6 所示：

表 8 - 6　存量资产的外置需求来源

处置资产分类	处置资产项目
资金池产品持有的合规资产	债券、股票、非标资产、货币工具、衍生品等
合规产品持有的多重嵌套资产	信托贷款、交易所债券和股票等
不合规持有的资产	不良资产

从流动性的角度上看，股票、货币工具的流动性最好，债券次之，而非标资产的流动性较差，不良资产的流动性最差。

确定了哪些资产需要处置之后，我们首先需要落实的并非是处置的方式，而是另一个更加重要的问题：处置资产的基本原则是什么？

一、基本原则：损失由谁来承担

处置资产即卖出资产，而卖回给管理机构叫作"资产回表"，其本身并不是一件复杂的事情，但如果考虑到资产卖出带来的一系列问题，处置资产就会变得相当"沉重"。

除处置资产带来的流动性问题、会计核算等一系列的麻烦事之外，仍有一个更加基本的问题等待管理机构回答，处置资产而产生或兑现的损失应该由谁来承担。

损失从何而来？一种是在集中交易中产生的短期价格偏移，例如，当资管产品因监管压力而集体抛售时，市场短期很难出现对应的购买需求以平衡供需力量，导致这些资产短期内价格暴跌，资管产品出现了亏损；而另外一种则是在资管产品的投资过程中所积累的损失，这主要出现在资金池产品或使用摊余成本法进行估值且并没有及时对资产价值进行重估的产品之上，例如在股票质押融资业务中，所质押的股票早已跌破平仓线，但因股票停牌无法平仓且融资人仍在支付利息，传统的预期收益型产品或摊余成本法净值型产品并不会对资产进行重估，而当资产被迫出售时，这些损失自然会兑现并反映在产品净值之上。

哪些损失由资产管理机构承担，哪些损失由资管产品投资人承担，对新老交替期间造成和兑现的损失是对过去资管行业权责不清的一种清理。解决这个问题，资管行业才真正实现与过去的"决裂"。

传统的资产管理行业里，由于缺乏信息披露和投资业绩展示的渠道，道德风险的发生概率相对更高。事实上，金融机构很多时候也将表外资管产品当作了"垃圾桶"，用来承载一些表内无法承载或试图隐藏的资产，如表内无法承载的融资需求、不良资产，以及交叉持有的其他金融机构资本工具等。

因此，我们从权责的角度去理清损失该由谁承担，就可以以"交易的潜在受益人是谁"作为衡量损失应该由谁来承担的一条准绳。不论交易是否最终赚钱，该交易的目的是为谁赚钱，谁就应该承担由该笔投资交易所产生的亏损风险。

由这条准绳，我们可以轻易划分出哪些资产需要由管理机构来承担所产生的风险。由资管产品所代持的金融机构产生的不良资产、股权和资本工具，这些资产所产生的损失就应该由金融机构来承担；而那些以客户获利为目的的投资交易，如在资金池产品中经过审核的债券、非标资产和股票投资，其损失就应该由投资人自行承担。

不过，虽然标准清晰，但实际操作过程中，金融机构不光会面临模糊地带无法界定该由谁承担风险的情况，也存在着即使由金融机构承担风险（且金融机构也愿意承担风险）时，也因为各种监管条款而无法承担风险的情况。

二、怎么承担损失

损失并不是好事情，所有的投资人都不愿意承受损失，那管理机构呢？

对管理机构而言，"刚性兑付"的好处不言而喻，管理机构维持"不会亏损"的印象，投资者自然会趋之若鹜，投资风险也不会影响管理机构，管理机构的资产管理规模和管理费收入都会不断增长。

但是，"刚性兑付"同样也会带来成本，利用资金池类产品进行"刚性兑付"当然没什么成本，金融机构只需要维持"刚性兑付"的信仰，由后进客户对退出客户进行"刚性兑付"，金融机构自然是愿意的，但如果需要金融机构自己掏出真金白银来为资管产品的投资亏损埋单，金融机构自然就需要权衡。

遇到市场风险之后投资人自然会赎回撤退，金融机构的声誉也可能造成风险。尤其是那些预期收益型产品一旦出现亏损，金融机构的声誉自然会遭遇巨大损失；而如果"刚性兑付"的话，金融机构的收入、利润以及净资本都会受到一定的影响。

因此，从这个角度上说，损失应该由谁来承担和损失最后会由谁来承担的答案并不一致。

如表8-7所示，从"交易投资的潜在受益者"这一标准出发，我们可以把资管产品所持有的需要整改的资产进行分类，其中靠近头部的为"最应该由金融机构承担损失"的资产；靠近尾部的为"最应该由投资者承担损失"的资产。

表 8 – 7   需要整改的资产

项目	说明
带回购协议的代持不良资产	由理财产品代持的金融机构不良资产,有明确的回购协议
无保护的代持不良资产	仅有口头或依靠默契而代持的金融机构不良资产
为管理机构或管理机构的母公司代持的股权资产	由银行理财为管理机构、母公司及重要关联方代持的股权资产
为管理机构利益而持有的其他金融机构资本工具	约定交叉持有的其他金融机构发行的二级资本债、优先股、普通股等
放入资金池产品中的非标资产	放入资金池中,不符合"期限匹配"原则的非标资产
放入资金池产品中的债券、股票等标准资产	放入资金池中,以"为客户获利"为最初目的进行投资交易的债券、股票等标准资产
投资过程中产生的不良资产	放入资金池中,在投资操作过程中产生的,也没有进行处置的不良资产

但在实际操作中,资产亏损是既定事实,但当初投资交易的目的却是"任人打扮的小姑娘",除了带回购协议的代持不良资产具有明确的边界(按照回购协议执行即可,但不排除交易对手以回购协议不合规为由拒绝的可能)和放入资金池产品中的正常非标资产、债券和股票等。从合规角度来看,其交易目的确为"为客户获利"的资产外,其他资产均无明显边界该由客户承担还是该由金融机构承担。例如,无保护的代持不良资产与投资过程中产生的不良资产的边界就相当模糊,而那些交叉持有的资本工具也易与放入资金池中以"为客户获利"为最初目的进行投资交易的资产相混淆。

对于金融机构而言,减少亏损,尤其是减少"讲不清该由谁来承担"的亏损对自己业务的持续性具有很大帮助,通常而言,金融机构总会选择各类方法去承担亏损,直到亏损大到碰到硬性指标如影响到监管指标、当年盈亏或机构难以承担。据此我们可以预测,在进行转型,不得不对存量资产进行处置时,管理机构会按照我们所列表格,由头至尾覆盖这些资产产生的损失,直到不能再覆盖位置。

只不过,由管理机构来承担损失也不是管理机构想做就能做到的。

按照《指导意见》第十九条，"资管产品不能如期兑付或者兑付困难时，发行或管理该产品的金融机构自行筹集资金偿付或委托其他机构代为偿付"被视为"刚性兑付"，将会面临处罚，至少从法律意义上说，那些不带有回购协议的资产应被看作是资管产品所持有的资产，对这些资产的损失进行兜底可能违背《指导意见》。

同时，《指导意见》也禁止资管产品违规进行关联交易，要求资管产品必须按照真实公允原则确定净值，也给金融机构按摊余成本或历史成本从资管产品手中接回亏损资产设置了障碍。

另外，那些从权责角度上说应该由投资者承担亏损的资产，在实际操作中也会面临巨大的问题，这主要是由资金池模式造成的。假设 A 资管产品于去年购头了 B 资产，该资产从去年年底开始不断亏损至今年，但由于 A 产品是预期收益型产品而非净值型产品，从资产开始亏损至今，所有滚动发行的期次都按照预期收益率兑付给了投资人，如果截至 2020 年底，该资产亏损幅度越来越大，2021 年后，A 产品将转变为净值型或必须清盘，产品净值自然会被 B 资产大幅拖累，这对那时的投资人并不公平（损失并不完全是在他们的持有期内造成的）。

更重要的是，如果这部分资产的损失必然要由最后接棒的客户来承担，客户就会自发逆向选择，将产品持有期不断收缩，最终带来资管产品的流动性风险，而如果由金融机构来自行承担，又违背了《指导意见》不允许"刚性兑付"的精神。

正因资产处置难度较大，《指导意见》之后，资产管理行业陷入了"新产品不断试水，但老产品不敢不发"，不合规的资管产品规模下降很慢的怪圈之中。有预期收益的老产品存在，新产品的竞争力有限，不利于转型，但那些预期收益的老产品所持有的资产，处置起来十分麻烦，为了支持这些资产的流动性，老产品又不敢不发，甚至不敢缩水。

有鉴于此，笔者建议监管机构能够在设置过渡期的基础之上更进一步，允许金融机构可以并自行选择在过渡期内对老产品老资产进行"刚性兑付"，以平滑客户逆向选择带来的流动性风险，及解决资金池产品客户之间权责划分不清的问题。

三、产品扭亏是转型的关键

《指导意见》下发至今，监管机构乐见的公允价值法非现金管理类净值型产品虽然不断发行，但总量有限。更重要的是，新产品对老产品并没有发生替代，新老产品就如同以前公募基金对资金池产品一样，像是在两个不同的体系里运转，未能产生替代效应。

这样的成绩对监管机构而言并不能满意，而这个成绩还是建立在大量非标资产到期之后不续作，也不投资新的非标资产的基础之上，可以说，目前资管产品的收缩，是建立在非标资产和同业套利到期的自然收缩上，而非金融机构主动顺应《指导意见》的结果。

金融机构不愿意收缩老产品的规模，市场自然有对老产品更青睐，对新产品不认可的因素，但也存在着老产品"积重难返"，还有很多资产未能处置，导致金融机构不敢收缩老产品的规模，更何况目前老产品还能够赚取中间业务收入。

而很多资产未能处置的原因最主要的在于资产处置会带来或兑现亏损。不良资产由于本身在资管总规模中占比较小，非标资产大多都会在 2020 年底之前到期，需要处置的资产较少，这些对金融机构的影响并不大，而影响最大的则是大量的债券和股票投资，这些投资在过去金融市场的波动里积累了不少亏损。

如何处置这些亏损，尤其是投资占比最大的债券资产的亏损，是资管产品转型目前面临的最大难题。

一个预期收益型资金池产品，其债券资产的亏损主要来源于两个部分：踩雷导致的信用风险，和市场下跌带来的市场风险，其中最主要的就是市场风险。

不过好在，债券是有期限的，这也意味着若不发生信用风险，随着债券临近到期，债券的市值将逐渐与面值靠拢，亏损的幅度也将逐渐减小。

以资管产品债券亏损"重灾区"5 年期 AA 级债券而言，目前净值亏损幅度为 2%～4%，这些债券在 2020 年底时期限将会收缩为 2年多，根据债券资产临近到期日市值和面值逐渐回归的特性，目前的亏损会逐渐缩小 0.5%～2%。

2%～4% 的亏损虽然绝对量很大（以 2017 年底银行理财投资总规模为例，银行理财的账面浮亏为 6000 亿～12000 亿元），但考虑到目前管理机构普遍收取 50～120bp 的管理费和业绩分成，即使市场在这三年内没有牛市出现，通过"共克时艰"，资管产品也能够实现扭亏。

现如今，那些以往没有发行过净值型产品，担心传统客户无法接受的金融机构（主要为商业银行）通常都会使用特殊的管理费结构：当净值型产品无法达到业绩比较基准时，商业银行通常会少收或是不收管理费，其实那些存在补亏客观需求的资管产品也可以学习这样的管理费结构，"共克时艰"时，可以少收或不收管理费；若管理费下降 25bp/年，至 2020 年底至少补亏 0.5%。

另外，亏损在很大程度上还来自利差过窄，前期套利的存在导致预期收益型资金池类产品的资产静态收益率和资金预期收益率差距太小，兑付给客户的收益吃掉了债券和非标资产的利息，在"共克时艰"阶段，也需要金融机构主动调降产品预期收益率。若预期收益率平均降低 50bp，至 2020 年底至少也能补亏 1% 以上。

"骑乘策略 + 调降管理费率 + 降低预期收益率"三管齐下，弥补近 4% 的资产浮亏似乎并不难，但这也需要各方的协调努力。目前的资产管理市场处于充分竞争的状态，收益率是机构们维持规模和竞争力的最主要手段，这自然也形成了"囚徒困境"，所有金融机构都不愿意主动调降价格。

这或许需要监管机构的窗口指导，又或者需要一段时间让管理机构逐渐达成共识，抑或是资金利率不断下行，让市场收益率自然下行。但不论如何，预期收益型产品在过渡期内收益率必然会不断下行，这也给资管产品资产扭亏提供了机会。

四、制订资产处置方案

由于资管产品新老交替，一方面是老产品逐渐收缩的过程中，不可避免产生诸多成本，也会对管理机构主体的收入、利润以及净资本造成冲击；另一方面监管机构虽然放松了对资管产品转型的监控，但仍然要求老的资管产品不净增，2020年底必须完成清理。

因此，产品转型、资产处置是"能拖一天是一天"，但又不能不做，保留传统老产品不仅可以继续收取高额的管理费和业绩报酬，还可以维持住客户，不至于让客户跑去别家，而且也无须支付转型的必要成本。

不过，尽管"能拖一天是一天"能够最大化金融机构在不合规老产品，即资金池产品上的收益，但是，以下几点可以说明在合理情况下尽量快地处置资产、转型产品才是更优的选择：

（1）按照《指导意见》，如果能够较早完成转型，那么监管机构将会给予相关优惠政策，这不仅对金融机构的资管业务有帮助，也会对其非资管业务，甚至资本管理有帮助。

（2）目前市场上绝大部分的金融机构均没有制定可行的资产处置和产品转型的方案，可见市场大多数参与者的转型方案均是前松后紧，前期稳住不合规产品的规模，待到监管压力过大之后再进行转型，这无疑是最"惯性"的选择，但绝大多数参与者雷同的转型方案也将导致过渡期后期过于拥挤，带来资产动荡或投资机会，若提早启动转型，则可能避过过渡期后期的资产抛售带来的净值减少，或以较低成本购入优质资产。

（3）对于某些金融机构而言，其客户结构里缺少那些能够承受净值波动的客户群体，将产品转型压缩到一年甚至半年的时间里，很难让客户和销售渠道适应，延后转型短期来看的确维护住了客户。但从长期的角度上说，缺少时间对投资者进行交易，可能会给后来的客户流失率以及投诉率埋下祸根。因此，及早制定转型方案，有时间对投资者及销售渠道进行教育，能够降低操作风险损失。

另外，虽然及早转型会减少成本和风险，但一个计划周全的产品转型和资产处置的方案仍然能让金融机构规避不少损失。

笔者接下来将会提出一个可行的转型方案，供读者参考。

在制定转型方案之前首先要明白，制约产品转型的决定性因素究竟是什么？《指导意见》发布之后，金融机构探索净值型产品的步伐虽然一直未停，也都试水发布了不少净值型的资管产品，但是，除了同业资管产品及通道业务的收缩之外，传统的资金池类资管产品并没有如监管机构预计的那样不断收缩，而是规模不断维持，收缩速度十分有限。新老产品就像是两个不同的维度那样，新产品继续发行，而老产品则迟迟不愿离开。

老产品不愿意离开舞台中央，金融机构必定有其苦衷。正如前文里提到的，在调研后发现，金融机构主要担心老产品规模收缩之后，存量资产如何处置的问题，只要处置得当，老产品自然能够逐步收缩。

我们把存量资产按照三个维度分为八个部分：按照资产处置方式，我们可以将资产标记为回表或售出市场；按照收益现状，我们可以将资产标记为亏损及盈利；按照收益率表现，我们可以将资产标记为正利差及负利差（利差＝资产的静态收益率－支付给客户的综合资金成本－金融机构收取的各类费用）。

所以，如表8－8所示老产品所持有的资产里被分为了以下八个部分：

表8－8 老产品的持有资产

项目	包含内容
盈利、售出市场及正利差资产	较高收益的债券、2020年后期限较短非标
盈利、售出市场及负利差资产	低收益债券、股票资产
亏损、售出市场及正利差资产	较高收益的债券
亏损、售出市场及负利差资产	低收益债券、股票资产
盈利、回表及正利差资产	期限较长非标
亏损、回表及正利差资产	为金融机构代持的债券资产
盈利、回表及负利差资产	为金融机构代持的债券资产、资本工具
亏损、回表及负利差资产	不良资产、资本工具等

由于已经出现的亏损兑现，及未来可能出现的亏损为目前市场的主要问题，因此，我们可以制定资产处置的方案，按照先后顺序，将这八类资产逐一处置。而在处置资产时，我们也需要注意保持资管产品的流动性，不能将流动性资产在前期全部处置掉。我们预想的处置方式如表8-9所示：

表 8-9　资产处置方式

步骤	处置资产
1	盈利、售出市场及负利差资产
2	盈利、回表及负利差资产
3	盈利、回表及正利差资产
4	亏损、回表及负利差资产
5	亏损、售出市场及负利差资产
6	盈利、回表及正利差资产
7	亏损、售出市场及正利差资产
8	盈利、售出市场及正利差资产

由于预测市场很快达成一致，老产品的预期收益率将逐渐减少，也就是说，资金成本将会逐年降低，因此，保持正利差，甚至进一步提高利差对资管机构而言至关重要。

另外，在不发生信用风险的前提下，亏损资产会随着时间的推移不断收缩亏损幅度，对亏损资产而言，最好的方式仍然是持有至必须处置的那一刻。

所以，在资产处置的初期，资管产品应当主要出售盈利及负利差的资产，将结余的盈利留存起来，以及将负利差资产全部回表。回表时，金融机构应当注意节奏，以免对金融机构的监管指标和资本造成冲击。

而进入资产处置的下半场，亏损已经逐渐收缩，我们可以将负利差且亏损的资产出售，并开始逐渐处置正利差的资产。

在处置正利差资产时，最为重要的当属解决流动性和亏损问题，虽然非标资产等的收益率较高且处于盈利状况，但由于其缺乏流动性，不能够将其放在最后处置。

上述方案就能逐步化解资管产品的存量资产问题，让老产品逐渐退出，留给新资产的生存空间。

第五节 《商业银行理财子公司管理办法》的影响

2018 年 10 月 19 日，中国银保监会发布了《商业银行理财子公司管理办法》（征求意见稿）（以下简称《子公司管理办法》或征求意见稿），与之前发布的《商业银行理财业务监督管理办法》（以下简称《理财监管办法》或监管办法）相比，《子公司管理办法》填补了《理财监管办法》中关于"公平竞争"等不符合《指导意见》相关要求的缺陷，增强了商业银行这一金融子行业在资产管理业务上的实力。

一、《子公司管理办法》的目的和意义

在《指导意见》中，监管机构认为"主营业务不包括资产管理业务的金融机构应当设立具有独立法人地位的资产管理公司开展资产管理业务，强化法人风险隔离"，而在商业银行、证券公司、基金公司、保险公司、期货公司和信托公司这些主要的资产管理行业，在经营范围内不包括"资产管理"业务的，只有商业银行。《商业银行法》规定了商业银行的主营业务范围仅包括了存贷、自营债券交易、发行债券、支付结算等。换句话说，《指导意见》中"建立资管子公司"的要求，实际上是专门针对商业银行的。

为什么要针对商业银行设立这样一条规则，笔者认为，这或许存在着两种不同方向上的考虑：将银行理财这一最大的资管业务参与主

体置入法律监管的范围内，拥有法律认可的权责关系和地位；以及真正实现资管业务的独立运作。

商业银行并不是天然就拥有资产管理业务的资格。在某种程度上，即使银行理财产品已经成为了规模最大的资管产品，但商业银行的理财业务并没有在《商业银行法》中有任何体现，而2005年全国人大修订《证券法》时，就已经将"证券资产管理"这一业务纳入证券公司的经营范围了。

另外，经历了20世纪90年代商业银行为证券市场提供的大量资金，使证券市场波动频发且剧烈的混乱，《商业银行法》将银行的行为进行了大规模的限制，将信托业务、证券业务从商业银行中剥离出来，独立为单独的法人机构，银行资金被限制进入证券交易所，还有针对银行投资但对银行理财业务限制较大的《商业银行法》第四十三条："商业银行在中华人民共和国境内不得从事信托投资和证券经营业务，不得向非自用不动产投资或向非银行金融机构和企业投资，但国家另有规定的除外。"它从两个层面影响了银行理财，一是由于商业银行不得从事信托投资和证券经营业务，意味着商业银行的理财产品不能像信托产品那样与客户建立财产信托关系，而是一种委托代理关系。信托关系是一种基于财产的关系，财产独立于委托人和受托人，产品同时也具备法律主体的地位，而委托关系则不然，两者在法律上有着泾渭分明的不同。也不能像证券公司或基金公司那样，成立证券投资基金为客户管理资金，或是为客户投资提供咨询的服务，这让银行理财产品以一种特殊的委托形式存在。在2005年已废止的《商业银行个人理财业务管理暂行办法》里，监管机构这么解释银行理财产品："个人理财综合委托投资服务，是指商业银行在向客户提供顾问服务的基础上，接受客户的委托和相关授权，按照与客户事先约定的投资计划和方式，由银行选择、决定投资工具的买卖并代理客户进行资产管理等的业务活动。在综合理财服务活动中，客户授权银行代表客户按照合同约定的投资方向和方式，进行投资和资产管理，投资收益与风险由客户或客户与银行按照约定方式承担"（银行理财被定义为一种"综合理财服务"）。

二是商业银行不得向非自用不动产投资，或向非银行金融机构和企业投资，对银行理财开展非标债权、非上市公司股权投资业务限制颇大。在传统的非标债权投资或私募股权投资时，通常都需要资管产品的管理人代资管产品签署相关协议，但对商业银行而言，它似乎很难在这些协议上盖公章。信托贷款、委托贷款分别为信托公司和商业银行的独有业务，资产或收受益权买入返售业务、直接股权投资，这些行为对商业银行而言涉及对企业的投资，自然也是很难被批准的。这也导致了银行理财产品，甚至银行本体在投资非标时不得不使用证券公司或信托公司的产品作为通道。非从业人员或资历不深的从业人员很难理解融资方和资金都来自银行和银行需要信托公司或证券公司来赚走一笔通道费的原因，事实上，这与《商业银行法》对银行的严格监管有很大关系。

2018年9月26日，银保监会发布的《商业银行理财业务监督管理办法》修订了这个漏洞，将理财产品定义为"指商业银行按照约定条件和实际投资收益情况向投资者支付收益、不保证本金支付和收益水平的非保本理财产品"，同时规定"商业银行理财产品财产独立于管理人、托管机构的自有资产，因理财产品财产的管理、运用、处分或者其他情形而取得的财产，均归入银行理财产品财产"，但仍未能解决理财产品法律主体地位的问题，更难以解决银行理财必须通过通道才能够投资非标资产和私募股权的问题。

银行理财产品本就因法律规定"商业银行在中华人民共和国境内不得从事信托投资、证券经营业务"，在市场准入上被限制（现正逐步放开），在其投资占比相当巨大的非标资产上，银行理财仍然需要依靠通道才能进入市场，这显然难以做到"公平"。

由于20世纪90年代银行资金推高"地产泡沫""证券泡沫"，全国人大难以放松《商业银行法》的相关条款，虽然允许商业银行混业经营，但银行理财业务又确实处于"不公平"的地位，让商业银行成立一家专门从事银行理财业务的理财子公司自然是最优的选择。理财子公司作为一家"非银行金融机构"，自然可以绕过《商业银行法》的限制。

　　另外，将公司的某一业务独立为业务子公司，无论从公司治理的角度还是从业务发展的角度上看，均能提升业务独立性，而正如前文所述，资管业务的独立性正是打破"刚性兑付"的重要手段之一。

　　在传统银行理财的"刚性兑付"行为中，除了利用"资金池"这一借新还旧的模式之外，商业银行通常还会指定某一第三方金融机构，购买理财产品所持有的问题资产，先行兑付给客户，同时再以其他业务补偿的方式支付第三方金融机构的报酬，第三方金融机构之所以愿意购买理财产品所持有的问题资产，是基于对银行的信任，而非对理财产品管理能力的信任，换句话说，当理财产品的管理者从银行变成了银行子公司，第三方金融机构自然不会那么信任。

　　此外，由于银行理财业务独立成为子公司后，将会独立于银行进行监管和审核。现行的非现场监督管理体系中，针对银行理财的报表仅有G06及其他少量的报表，并未形成"监管矩阵"，这让监管机构难以捕捉银行理财产品所产生的风险，也难以获知银行理财的流动性及资产状况，当其未来独立为理财子公司后，监管机构自然会针对子公司设置一系列指标，对子公司及理财产品的流动性、信用风险、市场风险等进行全面监管。

　　最后，在信息披露方面，未独立之间，商业银行并不会对外公布银行理财产品的财务报表（预期收益产品甚至不公布产品净值），在达不到公布要求（如业务损益不重大时）的情况下，商业银行甚至可以选择不公布理财业务的收益或损失状况，而一旦成立子公司之后，子公司很可能会像信托公司、基金公司那样，既公布自身的财务报表，同时还会公布产品的财务报表，在信息披露方面是有了一定程度的进步。

　　总体来说，成立理财子公司既能够让理财产品与其他产品站在一条接近"统一"的起跑线上，同时还能解决《商业银行法》带来的多重嵌套、"刚性兑付"问题，提高信息透明度和监管有效性，有利于金融监管和资管行业长远发展。

二、详解《子公司管理办法》

在银保监会发布了《子公司管理办法》并向社会公众征求意见后，监管机构总结本次《子公司管理办法》所述银行子公司理财产品与传统的银行理财产品的区别，分别在"公募理财产品投资股票和销售起点方面""销售渠道和投资者适当性管理方面""非标债权投资限额管理方面""产品分级方面""理财业务合作机构范围方面"以及"风险管理方面"进行了改进，使子公司理财产品在模式上更加接近《指导意见》的相关规定。

具体来看，银保监会总结的变化如表 8 - 10 所示：

表 8 - 10 《子公司管理办法》的具体变化

公募理财产品投资股票	在前期已允许银行私募理财产品直接投资股票和公募理财产品通过公募基金间接投资股票的基础上，进一步允许子公司发行的公募理财产品直接投资股票
销售起点	参照其他资管产品的监管规定，不在《理财子公司管理办法》中设置理财产品销售的起点金额
销售渠道	子公司理财产品可以通过银行业金融机构代销，也可以通过银保监会认可的其他机构代销，并遵守关于营业场所专区销售和录音录像、客户风险承受能力评估、风险匹配原则、信息披露等规定
投资者适当性管理	不强制要求个人投资者首次购买理财产品进行面签
非标债权投资限额管理	根据理财子公司特点，仅要求非标债权类资产投资余额不得超过理财产品净资产的 35%
产品分级	允许子公司发行分级理财产品，但应当遵守"资管新规"和《理财子公司管理办法》关于分级资管产品的相关规定
理财合作机构范围	子公司发行的公募理财产品所投资资管产品的发行机构、受托投资机构只能为持牌金融机构，但私募理财产品的合作机构、公募理财产品的投资顾问可以为持牌金融机构，也可以为依法合规、符合条件的私募投资基金管理人

风险管理	要求理财子公司计提风险准备金，遵守净资本相关要求；强化风险隔离，加强关联交易管理；遵守公司治理、业务管理、内控审计、人员管理、投资者保护等方面的具体要求。此外，根据"资管新规"和"理财新规"，理财子公司还需遵守杠杆水平、流动性、集中度管理等方面的定性和定量监管标准

资料来源：中国银保监会。

以上经营业务层面上的八个变化，是子公司发行的理财产品对银行发行的理财产品的最大优势所在，而具体由以下 6 条来详细说明。

（1）《理财监管办法》里允许银行公募理财产品可以通过投资公募基金的方式投资股票市场（私募理财可以直接购买股票），而《子公司管理办法》允许子公司发行的公募产品可以直接投资股票市场，其主要目的在于：一是使得理财产品与其他资管产品站在一条近似"统一"的起跑线上，符合《指导意见》关于"公平竞争"的要求；二是监管机构考虑目前大多数银行理财产品的管理人（规模较小、投资管理能力较差的城商行、农商行）无法应对股票市场的波动、投资策略和风险管理，如大部分的城商行、农商行尚未针对股票设置投资准入门槛，市场风险限额，风险处置方案，也未配备股票投资的研究员、投资经理、风险经理和相应的制度安排，而按照《子公司管理办法》，这类小型金融机构自然也没有资格成立理财子公司，从而形成了市场准入的分级。有能力投资股票的商业银行，就有能力成立理财子公司；没有能力投资股票的商业银行，就没有能力成立理财子公司。

（2）如表 8 - 11 所示，与商业银行自己发行的理财产品，其起售金额为 1 万元起相比（私募产品受限于《指导意见》，各类资管产品的起售门槛均相同），不设置子公司发行的理财产品的起售金额将会极大地拓宽理财产品的目标客户范围，也会迅速增大子公司理财产品与其他资管产品之间的制度优势。但基于《指导意见》的有关规定，除银行发行的理财产品外，其他公募产品的起售点也会相应下调。

表 8 – 11　各类公募资管产品的起售点对比

资管产品类别	起售金额
理财产品（银行发行）	10000 起
理财产品（子公司发行）	不设起售金额
公募基金	非货币基金为 1000 元起，货币基金为 1 元起
公募证券资管计划	50000 起

资料来源：中国人民银行、中国银保监会、中国证监会。

（3）销售渠道上，《子公司管理办法》相较于《理财监管办法》也有较大的放松。《理财监管办法》第三十一条规定，"商业银行只能通过本行渠道（含营业网点和电子渠道）销售理财产品，或者通过其他商业银行、农村合作银行、村镇银行、农村信用合作社等吸收公众存款的银行业金融机构代理销售理财产品"，极大地限制了银行理财产品获取非本行客户的能力和销售渠道建设，这既不利于银行分散客户风险，因为银行理财大多数客户来自于银行本身，理财产品本身经营不善将会给银行业务造成巨大冲击，同时，该模式也与其他资管产品如券商资管、公募基金存在着巨大差异。

在《子公司管理办法》上，监管机构很好地改进了这样的不公平，让银行子公司的理财产品与其他资管产品在销售渠道上近似站在了同一条起跑线上。"银行理财子公司可以通过商业银行、农村合作银行、村镇银行、农村信用合作社等吸收公众存款的银行业金融机构，或者国务院银行业监督管理机构认可的其他机构代理销售理财产品。代理销售银行理财子公司理财产品的机构应当遵守国务院银行业监督管理机构关于代理销售业务的相关规定。"

理财子公司的产品可以经由商业银行和其他由银行业监督管理机构认可的其他机构（非金融机构同样有机会代销理财产品）代销，这便将理财产品的代销资格牌照化了。商业银行自动获得代销牌照，其他机构（包括金融机构）向监管机构申请牌照。

（4）市场特别看重理财产品第一次购买就不再强制要求面签这一政策的取消。券商资管产品、公募基金等资管产品在客户首次购买时均不强制要求面签，客户可以通过网上甚至第三方代销平台进行首次购买，而银行理财产品则强制要求首次购买必须面签，对银行理财的销售便利性影响极大，也极不利于拓展理财产品的行外客户。

但是，针对市场的两大诉求，即首次购买可以线上签约、可以利用行外渠道签约，在《子公司管理办法》（目前的征求意见稿）上并没有完全被解决，《子公司管理办法》第二十七条规定："银行理财子公司销售理财产品的，应当在投资者首次购买理财产品前通过本公司渠道（含营业场所和电子渠道）进行风险承受能力评估；通过营业场所向非机构投资者销售理财产品的，应当按照国务院银行业监督管理机构的相关规定实施理财产品销售专区管理，在销售专区内对每只理财产品销售过程进行录音录像。银行理财子公司不得通过电视、电台、互联网等渠道对私募理财产品进行公开宣传。"站在银行理财子公司的角度，"本公司渠道"或许包括自身渠道和母银行的营业场所、网上银行、手机银行等渠道，但并不包括行外第三方机构的销售渠道，若客户在第三方平台上进行首次购买时，按照要求则必须链接回本行的渠道进行风险承受能力评估，这样的销售体验恐怕并不好。第三方平台拱手将客户信息提供给银行，恐怕其也难以接受。

（5）非标资产的投资限制由"理财总规模（因净值化后改为理财净资产规模）的35%，或银行总资产的4%"，放宽为"理财净资产规模的35%"，符合子公司和商业银行分离的监管要求，同时也在某个层面上放松了银行理财投资非标资产的限额。根据测算，当银行理财产品的净资产规模超过银行总资产规模的11.4%，限制银行理财投资非标的指标就不再是"35%"而是"4%"。目前，主要股份制商业银行的理财产品总规模大多超过银行总资产规模的11.4%。

（6）理财子公司在选择合作伙伴时有更大空间，在《理财监管办法》出台之前，银行理财产品会私募基金作为通道方和委外管理人，但在"金融去杠杆"，以及债券下跌，大量委外管理人达不到约定的业绩比较基准后，银行主动收缩了与私募基金的合作，而《理财监管办法》也强制要求银行理财的合作方只能为金融机构，将私募基金等非金融机构拒之门外。这也是基于风险管理的考虑，因为规模较小，达不到成立理财子公司资格的银行，很难建立起评价和考核管理人业绩的管理体系，自然无法控制私募基金带来的风险，也不能享受私募基金的高收益。

对比来看，银行理财子公司发行的产品在继承了银行理财的相关优势的前提之下，在各个方面，尤其是在销售层面和投资方面，和其他资管产品站在了近乎"统一"的起跑线上，是不折不扣的补强，它兼具可以投资非标资产、私募股权等非标准、低流动性资产和销售渠道扩大起售门槛下降等优势。换句话说，任何有志于在资管行业大展拳脚的商业银行，都会试图获得银行理财子公司的牌照，即使在资本回报率或经济增加值的考核上它可能并不值得。

牌照的价值通常与获取牌照的难度成正比，按照《商业银行法》，商业银行在中国境内投资非银行金融机构必须获得相关部门的认可，监管机构在节奏把控和机构准入上的要求也相应会比较苛刻，而就算监管机构对此不设限，《子公司管理办法》对成立子公司的要求已经形成了较高的门槛，银行理财子公司应当具备下列条件：

（一）具有符合《中华人民共和国公司法》和国务院银行业监督管理机构规章规定的章程；

（二）具有符合规定条件的股东；

（三）具有符合本办法规定的最低注册资本；

（四）具有符合任职资格条件的董事、高级管理人员，并具备充足的从事研究、投资、估值、风险管理等理财业务岗位的合格从业人员；

（五）建立有效的公司治理、内部控制和风险管理体系，具备支持理财产品单独管理、单独建账和单独核算等业务管理的信息系统，具备保障信息系统有效安全运行的技术与措施；

（六）具有与业务经营相适应的营业场所、安全防范措施和其他设施；

（七）国务院银行业监督管理机构规章规定的其他审慎性条件。

此外，银行理财子公司应当由在中华人民共和国境内注册成立的商业银行作为控股股东发起设立。发起设立银行理财子公司的商业银行应当符合以下条件：

（一）具有良好的公司治理结构、内部控制机制和健全的风险管理体系；

（二）主要审慎监管指标符合监管要求；

（三）财务状况良好，最近 3 个会计年度连续盈利；

（四）监管评级良好，最近 2 年内无重大违法违规行为，已整改到位并经监管部门批准的除外；

（五）银行理财业务经营规范稳健；

（六）设立理财业务专营部门，对理财业务实行集中统一经营管理，理财业务专营部门连续运营 3 年以上，具有前中后台相互分离、职责明确、有效制衡的组织架构；

（七）具有明确的银行理财子公司发展战略和业务规划；

（八）入股资金为自有资金，不得以债务资金和委托资金等非自有资金入股；

（九）承诺 5 年内不转让所持有的股权，不将所持有的股权进行质押或设立信托，并在银行理财子公司章程中载明；

（十）国务院银行业监督管理机构规章规定的其他审慎性条件。

以上要求已经能够拒绝掉绝大部分总资产规模在 1000 亿元以下的商业银行了，但压力最大的并非以上要求，而是理财子公司对净资本的要求。

银行理财子公司的注册资本应当为一次性实缴货币资本，最低金额为 10 亿元或等值自由兑换货币。国务院银行业监督管理机构根据审慎监管的要求，可以调整银行理财子公司最低注册资本要求，但不得少于前款规定的金额。

对外投资会直接消耗商业银行的核心一级资本，对商业银行的资本充足率造成巨大影响的同时，也会削弱商业银行其他业务的拓展能力。我们以目标资产充足率为 8%，且当前资本充足率为 8% 的商业银行为例，在信用风险权重法下，减少 10 亿元资本金，就需要减少至少 80 亿元贷款规模，这些贷款的净息差可能超过 1.5%，意味着商业银行为投资理财子公司必须减少约 1.2 亿元利息净收入。

更何况，大部分银行根本无法负担 10 亿元的资本金投入。笔者以在境内深圳、上海证券交易所和香港联合交易所上市的商业银行于 2017 年底的资本充足率及核心一级资本净额为例，测算有多少商业银行有足够资本成立理财子公司。

笔者采用的标准是，核心资本净额减少 10 亿元之后，核心一级资本充足率还能维持 8.5%（商业银行资本管理办法要求核心一级资本充足率为 5%，储备资本为 2.5%，逆周期资本为 0 ~ 2.5%，则核心一级资本充足率要求至少 8%，加上可能的坏账损失对银行核心一级资本的侵蚀，设置合理的核心一级资本充足率要求为 8.5%）以上，测算结果见表 8 - 12。

表 8 - 12　上市商业银行能否承担理财子公司资本负担测算

2017 年	成立理财子公司前		成立理财子公司后		资本充足率变化
	核心一级资本净额	核心一级资本充足率	核心一级资本净额	核心一级资本充足率	
建设银行	16913.32	13.09	16903.32	13.08	- 0.01
江阴银行	91.85	12.94	81.85	11.53	- 1.41
工商银行	20301.08	12.77	20291.08	12.76	- 0.01
吴江银行	80.57	12.27	70.57	10.75	- 1.52
招商银行	4256.89	12.06	4246.89	12.03	- 0.03
张家港行	80.22	11.82	70.22	10.35	- 1.47
中国银行	13560.88	11.15	13550.88	11.14	- 0.01
交通银行	6094.54	10.79	6084.54	10.77	- 0.02
东莞银行	179.96	10.74	169.96	10.14	- 0.60
上海银行	1267.81	10.69	1257.81	10.61	- 0.08
农业银行	13399.53	10.63	13389.53	10.62	- 0.01
成都银行	250.17	10.47	240.17	10.05	- 0.42
长安银行	132.56	10.43	122.56	9.64	- 0.79
徽商银行	526.32	10.39	516.32	10.19	- 0.20
承德银行	59.23	10.05	49.23	8.35	- 1.70
无锡银行	92.26	9.93	82.26	8.85	- 1.08

2017 年	成立理财子公司前		成立理财子公司后		资本充足率变化
	核心一级资本净额	核心一级资本充足率	核心一级资本净额	核心一级资本充足率	
鞍山银行	77.18	9.76	67.18	8.50	-1.26
哈尔滨银行	415.28	9.72	405.28	9.49	-0.23
三峡银行	130.09	9.67	120.09	8.93	-0.74
光大银行	2730.26	9.56	2720.26	9.52	-0.04
贵阳银行	251.98	9.51	241.98	9.13	-0.38
浦发银行	3882.00	9.50	3872.00	9.48	-0.02
九台农商行	134.04	9.47	124.04	8.76	-0.71
常熟银行	96.42	9.42	86.42	8.44	-0.98
大连银行	241.40	9.19	231.40	8.81	-0.38
东营商行	61.02	9.15	51.02	7.65	-1.50
兴业银行	3914.25	9.07	3904.25	9.05	-0.02
盛京银行	516.05	9.04	506.05	8.86	-0.18
北京银行	1579.96	8.92	1569.96	8.86	-0.06
青岛银行	177.34	8.71	167.34	8.22	-0.49
长沙银行	234.19	8.70	224.19	8.33	-0.37
杭州银行	417.41	8.69	407.41	8.48	-0.21
天津银行	440.36	8.64	430.36	8.44	-0.20
民生银行	3746.24	8.63	3736.24	8.61	-0.02
宁波银行	519.86	8.61	509.86	8.44	-0.17
邮储银行	3816.73	8.60	3806.73	8.58	-0.02
江苏银行	920.99	8.54	910.99	8.45	-0.09
中信银行	3665.67	8.49	3655.67	8.47	-0.02
重庆农商行	637.06	8.48	627.06	8.35	-0.13
锦州银行	466.83	8.44	456.83	8.26	-0.18
浙商银行	744.51	8.29	734.51	8.18	-0.11
平安银行	1843.40	8.28	1833.40	8.24	-0.04
华夏银行	1488.48	8.26	1478.48	8.20	-0.06
渤海银行	483.75	8.12	473.75	7.95	-0.17

2017 年	成立理财子公司前		成立理财子公司后		资本充足率变化
	核心一级资本净额	核心一级资本充足率	核心一级资本净额	核心一级资本充足率	
广发银行	1120.94	8.01	1110.94	7.94	-0.07
南京银行	571.11	7.99	561.11	7.85	-0.14
郑州银行	243.77	7.93	233.77	7.60	-0.33

资料来源：Wind，上市公司公告。

按此核算，除了核心一级资本充足率原本就低于 8.5% 的中信银行等外，另有江苏银行、天津银行、杭州银行、长沙银行、青岛银行、北京银行、常熟银行、东营银行等在出资 10 亿元之后核心资本充足率下降至 8.5% 以下。虽然大型商业银行拥有发行优先股、二级资本债等方式提升资本充足率，但缺乏资本补充渠道的中小型银行仍然面临净资本不够，难以支撑理财子公司的问题。

上市银行尚且如此，非上市银行的资本窘境更见一斑。理财子公司这块牌照虽然美好，但要获得它，成本自然也是不菲，尤其对于资本净额不大，资本充足率较低的银行而言更是如此。

三、《子公司管理办法》的影响

银行理财行业是一个快速发展，甚至可以说野蛮生长的行业，而其原因，银行理财能够迅速膨胀，让商业银行趋之若鹜地进行投资，在于其具有简单可操作且技术门槛不高的商业模式，以及对银行其他业务带来的促进作用。

传统的银行理财产品通常使用的是固定收益率、固定期限的资金池模式，对商业银行而言，给予客户固定期限、固定收益率这类"定期存款"体验的理财产品的销售难度极低，客户经理不需要懂金融市场的运作，不需要给客户讲解复杂的衍生品结构，不需要任何话术和技巧，客户就能够埋单。相比起来，在股票熊市或债券熊市时推销公募基金，可谓相当困难，客户接受难度低，分支行销售压力小，自然受到分支机构的喜爱。

另外，在理财产品的运营端，由于理财产品多采用混用资金池的模式（多个产品系列对应一个资金池），使得资金池成为了一个没有存款准备金、没有资本充足率指标，且资金都来自于不可撤销的定期存款的影子银行。理财产品未到期不能赎回只能在投资人之间转让，这样的条款对商业银行而言，无异于控制了理财资金池的资金流出。与那些可能存在活期存款或定期存款意外流出的商业银行相比，理财资金池不用像商业银行那样备付足够多的现金，而把所有资金全部用于投资，在资金池出现产品兑付、资金流出之前，发行一期新的理财产品来募集资金，维持资金池的稳定。换句话说，在资金池运营模式之下，银行对理财的流动性管理要求极低，低于公募基金和商业银行，几乎没有技术门槛。

在理财产品的投资端，与其他资管产品，尤其是公募基金相比十分不同的是，传统的资金池模式银行理财产品并不会公布投资业绩和产品净值，使得理财产品投资端不会因为市场波动而受到投资者的压力。相反，按照公允价值法公布产品净值的公募基金在面临熊市时通常会感受到投资者用脚投票，不断赎回的压力。波动的产品净值同样也提高了资管行业的投资技术门槛，若产品净值不断波动或长期落后市场，投资者既然会抛弃这个产品，管理人的声誉风险是商业银行难以承受的风险，也同样会受到影响，但在不需要公布净值，不需要理会市场波动，且流动性管理难度低的资金池模式下，银行理财产品倾向于"买入持有到期"的策略，因其大大降低了投资的技术门槛。

由于理财产品投资端不透明且大量信息不披露的关系，银行理财产品这一表外资产经常会转变投资意图，从"为投资人而进行交易"变成了"为管理人而进行交易"，理财产品可以承接银行因额度不够、指标受限而无法满足的融资需求，也可以协助银行藏匿不良资产等。它既可以通过购买非标的方式推动银行存贷业务的发展，也可以通过购买债券的方式推动银行投行业务的发展。

但在《指导意见》之下，资金池模式被打破，银行理财的投资门槛和运营门槛都大大提升，银行理财的销售能力也将大打折扣。市场普遍预计，截至 2020 年底，过渡期结束，银行理财的规模将会持续压降。

不过，银行理财似乎找到了资金池模式的替代品，即现金管理类产品。如前文所述，现金管理类产品是一种同货币基金投资模式接近，每日开放申购赎回，采用摊余成本法计算产品净值的理财产品，这类产品的投资门槛较低、销售难度也不如股票基金、债券基金的难度那么高，同时也能给投资人提供相对稳定的投资收益，是银行理财转型的首选。

那些没有跨越更高技术门槛的中小银行或许正在庆幸还有现金管理类产品这样的"避风港"，但《子公司管理办法》又将它们拉回了现实。《子公司管理办法》对子公司设立的门槛，尤其是资本门槛仍然是中小银行难以跨越的困难，但如果不成立子公司，中小银行的同质化产品，是很难和首次购买不用面签、可以通过非银行机构代销的子公司产品竞争的。

这就回到了本书第七章的内容：中小型金融机构究竟有没有必要进入资产管理行业——对中小商业银行而言，《子公司管理办法》更加直白地讲清楚了监管机构对资管行业的看法：要么你能跨越投资门槛（产品业绩超过竞争对手），要么你能跨越销售门槛（增强销售能力），要么你能跨越资本门槛（拿出至少 10 亿元资本金成立理财子公司），否则很难在资管行业的竞争下生存。

第六节　证监会《资管细则》对证券期货经营机构私募资管业务的意义

2018 年 10 月 22 日，证监会发布了《证券期货经营机构私募资产管理业务管理办法》及《证券期货经营机构私募资产管理计划运作管理规定》（简称《管理办法》及《运作规定》，合并称为《资管细则》），作为证监会对《指导意见》的细则文件。整体来看，《资管细则》贯彻落实了《指导意见》的精神，且根据证券期货经营机构私募资管业务的发展实践情况，进一步制定了一些自身特色的规则，考虑得也较为全面、合理，易于执行。《资管细则》遵循了以下四个基本原则：①统一监管规则，促进公平竞争；②立足有效整合，坚持问题导向；③细化指标流程，提高可操作性；④增加规则前瞻性，确保平稳过渡。《资管细则》将对未来整个证监体系，乃至整个资产管理行业的发展产生长远的影响。

一、《资管细则》的核心要素

《资管细则》由《管理办法》及《运作规定》组成，从文件的立法层级上看，《管理办法》为证监会的部门规章，而《运作规定》为证监会的规范性文件，为《管理办法》的"执行细则"。从业务实践角度观察，笔者总结认为，在《指导意见》的规范基础上，资管细则的几大核心要素如下：

（1）进一步明确管理人的主动管理职责。众所周知，《指导意见》发布之前，以券商资管以及基金子公司为代表的证券期货经营机构资管业务规模贡献主要来自通道业务，通常要占到行业总规模的八成以上。《资管细则》（《管理办法》第四十六条）阐明了"证券期货经营机构切实履行主动管理职责。"并以列举的形式指出了禁止行为，不仅包括《指导意见》中规定的"提供规避投资范围、杠杆约束等监管要求的通道服务"，还限制了由委托人或其指定第三方自行负责尽调、下达投资指令以及行使证券权利等行为。因此，在《资管细则》框架下，证券期货经营机构不再具备从事任何意义上通道业务的条件。

（2）确立了集合产品投资运作过程中的组合投资原则。《资管细则》明确要求（《管理办法》第四十六条）"证券期货经营机构设立集合资产管理计划进行投资，除中国证监会另有规定外，应当采用资产组合的方式"，并在《运作规定》规定中约定了"一个集合资产管理计划投资于同一资产的资金，不得超过该计划资产净值的25%。同一证券期货经营机构管理的全部集合资产管理计划投资于同一资产的资金，不得超过该资产的25%"。组合投资原则是证监会根据证券期货经营机构私募资管业务的特点制定的规则，相比商业银行或信托公司，以证券公司和基金管理公司为代表的资产管理人自身在业务实践中往往欠缺在项目融资领域的专业能力与经验，而在产品净值化和打破刚兑的基础上，单个集合资产管理计划投资于单一资产会令投资人承担过高的信用风险以及流动性风险，因此，以资产组合的方式来进行投资，可以避免产品流动性风险以及信用风险过于集中的情况。同时，《资管细则》也对全部投资者均为符合中国证监会规定的专业投资者，且有单个投资者投资金额不低于1000万元的封闭式集合资产管理计划，以及完全按照有关指数的构成比例进行证券投资的资产管理计划的组合投资要求予以豁免，在一定程度上保留了产品设计灵活性。

（3）对非标准化资产和非标准化债权资产进行定义及进一步规范。《资管细则》首次定义了"非标准化资产"，包括"非标准化债权类资产、股权类资产、商品及金融衍生品类资产以及其他受国务院金融监督管理机构监管的机构发行的资产管理产品"，并且将投资于上述资产的资管计划最低认购金额限制为100万元。其中，以非标准化债权类资产为代表，在资产管理业务的实践中，由于证券公司与基金公司无法直接发放贷款，通常以与交易对手进行资产（收）受益权买卖的方式提供融资，其法律效力以及风险控制手段一直饱受争议。因此，《资管细则》在非标准化资产的创设方面，提出了"投资于非标准化资产的，所投资的资产应当合法、真实、有效、可特定化，原则上应当由有权机关进行确权登记；涉及抵押、质押担保的，应当设置合理的抵押、质押比例，及时办理抵押、质押登记，确保抵押、质押真实、有效、充分"等要求，避免了非标准化资产的创设缺乏法律基础、资产虚假无效且缺少合理的风控手段的情况。特别对于非标准化债权资产，《资管细则》要求"建立专门的质量控制制度"，并且与银保监会的要求保持统一，设计相应的限额要求，即"同一证券期货经营机构管理的全部资产管理计划投资于非标准化债权类资产的资金不得超过其管理的全部资产管理计划净资产的35%；投资于同一非标准化债权类资产的资金合计不得超过300亿元"。

《资管细则》对非标准化资产和非标准化债权资产的规范，将有效调整证券、期货经营机构业务高度依赖于通道业务与项目融资的现实，对资产管理人未来的发展思路产生深远影响。

（4）明确私募资产管理业务适用于信托的法律关系基础。《资管细则》明确了各类私募资管产品均依据信托法律关系设立，包括以下三方面规定：①明确资管计划财产独立，独立于管理人、托管人的固有财产。②规定"卖者尽责、买者自负"，经营机构勤勉尽责，坚持客户利益至上，明确经营机构应履行的各项主动管理职责。③在资产管理计划证券账户、期货账户名称，以及资管计划所持证券的权利行使等方面，进一步明确其区别于投资者所有的证券的相关要求，落实信托法律关系。

证券期货经营机构的私募资产管理业务中，管理人和委托人一直保持委托代理关系，而上位法不清一直是我国资管行业发展过程中面临的一个核心问题，该问题在《指导意见》中也未得到答案，而证监会监管的私募资管业务一直以《基金法》为基础制定规则，在实践中各类业务也已经形成了类似信托的法律关系，因此，参照公募基金将私募资管业务明确为信托关系是顺理成章、便于投资者理解的。信托法律关系的确定将有利于增强资管产品的独立性，实现管理人固有财产、客户其他财产和资管产品财产之间相互独立和有效隔离。

（5）对私募资产管理业务的流动性风险与关联交易风险进行规制。流动性风险防控方面，《资管细则》一是强调期限匹配，并明确具体要求；二是考虑私募特征，限制产品开放频率，规范高频开放产品投资运作；三是要求集合资管计划开放退出期内，保持10%的高流动性资产；四是规定流动性风险管理工具。包括延期办理巨额退出申请、暂停接受退出申请、收取短期赎回费等。

关联交易规制方面，《资管细则》一是明确基本原则，关联交易应事先取得全部投资者同意，事后告知投资者和托管人，并严格履行报告义务；二是禁止将集合计划资产投向管理人、托管人及前述机构的关联方的非标准化资产;三是禁止利用分级产品为劣后级委托人及其关联方提供融资;四是关联方参与资管计划的,证券期货经营机构应当履行披露和报告义务,并监控资管计划账户。

上述的风险规制手段结合了监管部门多年来的监管经验,从事前角度对流动性风险以及关联交易风险交易加以控制。

二、《资管细则》的重要意义

《资管细则》的推出对证券期货经营机构具有重要意义,笔者总结体现在如下几大方面:

1. 产品设计:不再存在纷繁复杂的产品设计

首先,从产品设计角度,《指导意见》前的资管业务往往具备高度个性化交易结构设计空间和非标融资功能。

在组合投资原则和非标投资规范的基础上,集合计划失去了项目融资以及搭建交易结构的功能。过去,除了类似于信托产品,将集合计划作为单一项目融资的载体外,资管机构往往还会通过引入银行理财等机构资金,以结构化的设计参与上市公司的定向增发、员工持股、高管持股、经销商持股等产品,此类的特定需求随着组合投资原则的建立,将逐渐成为历史。

在《资管细则》要求管理人履行主动管理职责的框架下,单一计划也不再能提供规避投资范围、杠杆约束等监管要求的通道服务。

2. 产品的投资运作:回归资产管理的本源

《资管细则》中多处强调了管理人在资管业务中应发挥的主动管理责任,提出组合投资、非标准化资产的创设和限额等规范性要求,将资管业务回归到价值投资以及资产配置轨道上,回归资产管理业务的本源。

这是在《资管细则》框架下,证券期货经营机构私募资管业务与信托为代表的融资类产品的定位差异。未来资管机构将长期以净值化的形式运作资管产品,因此必须用良好而稳定的业绩来吸引投资者,这对资管机构在宏观研究、资产配置、策略研究、权益研究以及信用研究相关人员的配备和管理机制提出了更高的要求。

3. 行业方面：洗牌加剧，部分资管机构可能退出市场

在《指导意见》和《资管细则》的框架下，证券、期货经营机构必须彻底摒弃以监管套利好提供搭建交易结构服务作为自身核心竞争力和主要盈利来源的思维。然而，过去几年，以通道业务、资金池创设为主要形式的监管套利属于旱涝保收的工作，但一旦证券期货经营机构不再从事监管套利，而是从事净值型产品的管理工作时，有的工作形式、组织机构、管理模式必然会发生天翻地覆的改变，毕竟监管套利是旱涝保收的工作，而投资却不是付出就一定有回报的工作。

行业打破"刚性兑付"，产品实现净值化以后，金融机构为保障刚兑并损失资本金的风险敞口会缩小。然而，部分资产管理机构募集资金将会更加困难，又无法再从事监管套利的工作，缺少稳定的收入来源，因此市场将形成较强的马太效应，行业洗牌迫在眉睫。

第九章 资管业务转型的宏观影响

《指导意见》的过渡期把资产管理行业的发展给切分成了三个阶段：以"资金池＋非标资产"错配为主的旧模式、旧模式与新模式并存的过渡期，和"净值型产品＋非标资产"期限匹配为主的新模式。

前文已经讲述了以银行理财为主的资产管理行业会面临怎样的转型压力，以及如何更好地规划过渡期以应对这种转型压力，本章将会站在更加宏观的角度去观察，资管行业的转型将会给宏观经济带来什么影响。

此章节将会从投资、融资、行业再造等方面对转型的宏观影响进行推演。

由于旧的资金池类模式会逐渐消失，预期收益型产品将会被净值型产品所取代，加上非标投资被严格限制，资产管理行业会被迫拥抱波动，加强对股票、高收益债券、衍生品等高波动资产的投资，中国的资管行业会逐渐与国际接轨，抛弃现在这种投资模式单一、投资策略简单的操作模式，各种投资策略百花齐放，全面覆盖从低风险到高风险、低流动性到高流动性的所有资产，甚至股权融资市场也会因此繁荣起来。

随着"刚性兑付"的打破，对资管产品而言没有了刚性的资金成本之后，真的会从单一的依靠票息的策略转向为多种策略协同发展吗？

第一节　传统投资策略必须调整

传统的资金池类产品在产品收益的估值上没有明确的规定，在产品设计上通常采取不公布产品净值，只公布预期收益率，且产品期限固定。采用滚动发行的方式，降低了市场风险对客户投资收益的影响，受到客户追捧的同时，自然也降低了资管机构管理的管理门槛。

不过，这么做的代价自然也就是产品的刚性成本。从产品募集成功，正式开始运作的那一天起，资管产品就已经开始"欠"投资人钱了，这也让资管产品的管理机构从一开始就必须要解决刚性资金成本的问题，不依靠无法保证的资本利得，而依靠合同约定的固定收益，获得正利差，优先解决产品刚性成本的问题，而由于传统的资金池类资管产品不用公布产品净值，资产可以利用产品滚动发行持有至到期，资管产品也不用过于在意市场风险导致的净值波动。

因此，资金池类产品形成了更加在乎资产静态收益率而不是资产价格波动的投资模式。沉重的资金成本让资金池类产品在进行投资的时候更加关注正利差，也会让产品牺牲流动性、信用风险和市场风险以换取高利率，投资更多非标资产、低评级债券和长久期债券。

另外，由于资金池类产品采用滚动发行封闭式或定期开放式产品的模式，产品流动性管理相对固定，也无须担心因市场波动导致的客户大量赎回问题，在投资时通常会更不注意流动性风险。所持有的资产中，流动性较好的利率债、短期高等级信用债以及同业存单、可撤销定期同业存款以及现金的比例较低。

在《指导意见》之下，资金池模式被禁止，资管产品很难再将资产持有至到期，也无法再使用摊余成本法进行估值，封闭期较短或开放频率较高的产品被迫使用公允价值法对所持有的资产进行估值，产品净值也面临着市场波动的影响。

这种改变在三方面影响了以银行理财为主的资管产品的投资策略：

（1）资金池类产品可以依靠产品系列滚动发行的方式将资产持有至到期，因此可以使用摊余成本法对资产进行估值，以规避市场风险，但《指导意见》之后，资管产品缺乏将长期资产持有至到期的能力，必须使用公允价值法，也会更加关注市场风险，只关注静态收益率的投资策略将发生改变，资管产品必须在收益率和资产波动之间找到良好的平衡。

（2）由于无法持有至到期，市场最为热销的短期资管产品必须放弃投资非标资产，但这些非标资产通常是资管产品的收益主要来源，不能投资非标资产之后，资管产品只能选择调低收益预期，或者寻找其他高收益资产予以替代。

（3）由于产品的投资收益受到金融市场波动的影响，金融机构无法保证客户的收益及本金安全，导致投资者可能会在净值大幅波动的时候选择大量申购或赎回，加剧产品的流动性风险，因此对于资管产品而言，流动性不再"好管"，资产配置时必须加大流动性资产的投资比例。

对资产管理行业而言，《指导意见》是完全颠覆传统行业惯例的改革方针，资管产品的主流投资策略也需要顺应潮流，进行调整。

第二节　权益资产难以获得青睐

《指导意见》禁止短期资管产品投资非标资产，资管产品要么调低收益预期（如降低业绩比较基准），要么寻找其他的高收益资产。而满足流动性要求的高收益资产只有高收益债券、股票以及衍生品等。

当非标资产被限制之后，资管产品的资金就会流入高收益债券、股票和衍生品领域吗？流入规模可能相当有限，或者说，在降低收益预期和寻找替代性的高收益资产之间，金融机构更有可能选择降低收益预期。

目融资（非标）类产品，极少数会转向波动较高的股票基金、对冲基金、VC/PE、另类投资等。我国大部分投资者依然青睐波动较低、收益较为固定的投资产品，最好能够使用摊余成本法进行估值，使得净值波动变得极小。

目前监管机构仅允许三类产品使用摊余成本法。一是现金管理类产品，如果投资能够比对货币基金，那么就可以使用与货币基金一样的带偏离度限制的摊余成本法；二是封闭期超过6个月的封闭式净值型产品，如果其所持有的资产久期不得超过封闭期1.5倍，则可以使用摊余成本法；三是产品的到期日或最近一个开放日不早于所有资产的到期日的资管产品，比如，期限匹配的项目融资类产品、持有至到期的债券类产品等。

期限也是影响市场接受程度的重要指标之一。期限越长，对投资者的吸引力就会越低，一般而言，超过6个月的资管产品的资金募集能力就会显著下降，超过1年的资管产品与每日开放申购赎回且实时到账的现金管理类产品相比，其资金募集能力有着成倍的差距。

因此，为了守住份额，金融机构不得不把传统的预期收益型产品转型为波动较小、收益较为确定、使用摊余成本法的货币基金类产品、封闭期超过6个月的封闭式产品以及期限主要为1~3年的项目融资类产品。后者由于期限过长，在当前的金融环境里并不容易募集资金；而货币基金类产品的投资会受到监管机构的严格监管，对所投资资产的期限、评级和流动性都会有严格限制，仅能投资高评级、高流动性、短期限的债券资产；封闭式净值型产品则面临着投资的限制，产品期限越长，采用摊余成本法能够投资的资产期限自然也就越长，可资金募集也会更加困难，若金融机构以"守住市场份额"作为首要目标，必然会选择封闭期为6个月至1年的产品，投资综合久期为0.75~1.5的资产。

这样的投资模式无疑会对现在投资策略造成很大影响，以银行理财为例，银行理财所持有的固定收益类资产，综合期限约为3.6年，要想获得使用摊余成本法规避市场风险的资格，资管产品必须降低资产组合中长期资产的占比，转而投资短期资产。

在资金池类资管产品大行其道的 2015 ～ 2016 年，资管产品是重要的长期债券的投资者，给实体经济输入了大量的长期资金，而随着资管产品投资策略的改变，更加注重流动性、市场风险，买入更多短期资产，长期资产也不再受到追捧，而如果各个资管机构均达成了减少长期资产投资的"共识"，企业的长期融资难度自然会增加许多。事实上，许多过去可轻而易举依靠发行 3 ～ 5 年期公司债或者中期票据等长期债券进行融资的各个行业龙头类企业，2018 年以来，都开始转向在银行间注册发行更多的短期融资券甚至超短期融资券进行融资，或者将部分公司债产品的行权回售期限设计为 2 年以内，而短期融资类产品比例的上升，往往会增加企业的财务风险甚至是金融市场整体的稳定性，且当下看不到缓和这一趋势的手段，也是一个值得深思的问题。

第四节　非标资产投资遇冷

非标资产（同业投资）2010 年诞生，其主要职责便是调节银行主要监管指标，比如 2010 ～ 2013 年火热的同业买入返售、同业代付、同业委托投资等方式，均是将融资需求包装为异化的同业资产，用以压低存贷比、减少贷款损失拨备、降低资本消耗和提高利润；将银行客户的融资需求包装为非标资产，并让表外非保本理财产品持有，其目的也是为了将资产从表内转移出表外，实现收益（通过管理费收入）回表、资产出表。

回顾非标资产蓬勃发展的"旧时光"，除了实体经济融资的需求火热之外，彼时的监管环境均比较宽松，监管机构"默许"了非标资金池的存在，允许金融机构使用自营资金投资非标资产，或资管产品通过期限错配的方式投资非标资产，将长期的非标资产拆解为短期的资金需求。

在《指导意见》之下，资金池模式被严格禁止，资管产品在投资非标资产的时候不再期限错配，资产的到期日不得晚于封闭式产品的到期日和开放式产品的最近一次开放日，这也在产品设计上给管理机构提出了新的要求。

最难的部分在于资金募集，由于市场对流动性的偏好，短期资产的吸引力会远远大于长期资产，极端一点说，即时到账的货币基金类产品吸引力就远大于 T + 1 日到账的货币基金类产品。

也就是说，以前资管产品在投资非标资产的时候，都是用资金池（资金池产品的综合期限为 3 ~ 6 个月）里存量的资金甚至以资金池现有底层资产进行融资的资金，现在要投资非标资产的时候，就必须发行一个期限匹配（期限通常为 1 ~ 3 年）的资管产品，这将导致资管产品投资非标资产的能力大大减弱，而且，金融机构出于博弈心理，对于非标融资未来监管政策的不确定性，对于融资人财务结构的稳定性都会产生更多谨慎情绪（比如担心融资到期后找不到能做非标融资的接手），所以即便是能够针对单个项目发行期限匹配非标产品，也会提高项目准入要求和风控标准，这使得非标资产在金融机构内部过度发行的难度也大幅增加了。

但是，实体经济仍有较高的融资需求，若表外资管产品的资金募集能力下降，无法满足实体经济的融资需求，这些融资需求就会转向继续需求表内贷款的支持，而表内贷款又受到了诸多监管指标的限制，尤其是净资本的限制。

因此，在非标融资遇冷之后，为不使实体经济资金供给出现巨大的收缩，金融监管部门应着手放松金融业净资本获取的渠道，除发行次级债等常规手段外，应允许更多社会资本以股权投资的方式进入金融行业中。